So genießt Südtirol

Heinrich
Gerhard
Helmut Bachmann

33X Salate

VERLAGSANSTALT ATHESIA | BOZEN

LIEBE LESERIN, LIEBER LESER!

Wir freuen uns, dass Sie sich für ein Buch der »So genießt Südtirol«-Kochbuchreihe entschieden haben. Um in Zukunft noch besser auf Ihre Wünsche eingehen zu können, ist uns Ihre Meinung wichtig. Bitte senden Sie uns Ihre Anregungen, Ihre Kritik, Ihr Lob und auch Ihre Fragen zu unseren Büchern. Wir freuen uns auf Ihre Nachricht!

Fax +39 0471 081079 · info@so-kocht-suedtirol.it · www.so-kocht-suedtirol.it
www.facebook.com/sokochtsuedtirol

BIBLIOGRAFISCHE INFORMATION DER DEUTSCHEN NATIONALBIBLIOTHEK

Die Deutsche Nationalbibliothek verzeichnet diese Publikation in der Deutschen Nationalbibliografie; detaillierte bibliografische Daten sind im Internet abrufbar: http://dnb.d-nb.de

UMSCHLAGBILDER

Titelbild: Bunter Salat
Rückseite: Grapefruitsalat mit Avocado · Gurken-Erbsen-Salat mit Joghurtdressing

BILDNACHWEIS

Griesbauerhof: Seite 19
Daniela Kofler: Seite 14
Küppersbusch: Seite 3
Robyn Mackenzie: Titelbild
Hotel Maria: Seite 12
Tappeiner AG, Lana: Seite 8 oben
Alle übrigen Aufnahmen stammen von Günther Pichler, Eggen, www.gpichler.com

IMPRESSUM

Mai 2013 · Zweite Auflage

Lektorat: Nicoletta De Rossi
Korrektorat: Kathrin Kötz
Umschlaggestaltung: ganeshGraphics, Lana
Design & Layout: Athesia Verlag
Druck: Athesia Druck, Bozen

ISBN 978-88-8266-648-4

www.athesia.com
buchverlag@athesia.it

Ein Gruß aus der Genießerküche

Immer mehr Menschen wollen sich gesund und bewusst ernähren. Dazu können Blatt- oder Gemüsesalate einen ganz wesentlichen Beitrag leisten: Salate sind die Stars der modernen Wohlfühl-Küche. Sie schmecken nicht nur gut, sondern sie sind leicht bekömmlich, mit vielen Inhaltsstoffen und wenigen Kalorien. Für Abwechslung ist gesorgt, denn das Angebot an heimischen Salatsorten ist längst um Produkte aus aller Herren Länder erweitert worden: Mit dem opulenten Angebot entwickelten sich auch die Rezepte immer internationaler und raffinierter. Ein weiterer Vorteil dieser Gerichte ist die meist schnelle Zubereitung.

Wir möchten daher mit dem vorliegenden Kochbuch den Fachmann, den Hobbykoch und die ambitionierte Hausfrau in kurzen Zügen über alles Wissenswerte über Salate informieren, Richtlinien für das Anrichten und eine große Auswahl von Rezepturen aus der täglichen Praxis geben, damit sie für alle Gelegenheiten gerüstet sind.

Das Thema »Salat« ist sehr breit gestreut, doch werden Sie auf den kommenden Seiten entdecken, wie speziell jedes Rezept ist. Wir haben uns bemüht, eine Vielzahl an Ideen und Rezepten zusammenzufassen und auch regionale Schwerpunkte einfließen zu lassen.

Mit diesem Buch möchten wir fachlich erneuerte und bisher unveröffentlichte Rezepte mit raffinierter Geschmacksfülle und von erlesener Qualität vorstellen, welche von kritischen und bestens informierten Gästen gutgeheißen wurden.

Darüber hinaus möchten wir Sie zu mehr Kreativität anregen und arrivierte Fachleute dazu motivieren, eine höhere Stufe der Variation, Feinheit und Vollkommenheit in ihrer Küche zu erreichen.

Wir wünschen Ihnen viel Freude und erfolgreiches Gelingen beim Zubereiten der Rezepte!

Helmut Bachmann Heinrich Gasteiger Gerhard Wieser

H. Bachmann H. Gasteiger G. Wieser

Inhalt

Salate als Vitaminspender

Fitness auf dem Teller
In den letzten Jahren hat sich auf den Salattellern einiges getan. Salate sind heute gesunde, kalorienarme und leichte Mahlzeiten, zusammengestellt aus einer Vielfalt von köstlichen und farbenfrohen Zutaten, die reichlich Vitamine und Mineralstoffe enthalten: einfach ideal für eine gesunde Ernährung.
Salate schmecken nicht nur im Sommer. Sie bringen zu jeder Jahreszeit Abwechslung und Frische in Ihren Speiseplan und sind im Handumdrehen zubereitet.
Wenn Sie unter »Salat« nur ein paar grüne Blätter mit einem Essig-Öl-Dressing verstehen, ist es an der Zeit umzudenken: Schließlich war die Auswahl nie größer als heute!

Das jeweilige Gemüse der Saison kann gut zu einem knackigen Salat verarbeitet werden. Salate lassen sich so vielseitig gestalten, dass sie sowohl **Vegetarier** als auch **Fleischliebhaber** gleichermaßen glücklich machen.
Fleisch und Geflügel, Fisch und Meeresfrüchte sind ideale Salatzutaten und können wunderbar mit klassischen Blattsalaten, Gemüse, Früchten, Kräutern, **Nüssen, Körnern, Hülsenfrüchten** und **Käse** kombiniert werden: Damit können Sie sowohl einen leichten als auch einen sättigenden Salat zusammenstellen. Bei einer solch großen Auswahl an Zutaten bleiben die Blattsalate die absoluten Lieblinge und die Basis für viele Salate.

Schauen Sie sich beim Gemüsehändler um: Sie werden eine Vielzahl an Farben entdecken, die von **gelbem** Chicorée über **grünen** Vogelesalat, **roten** Radicchio bis hin zu **braunem** Eichblattsalat reicht. Alle Sorten haben ihren ganz eigenen Geschmack: von nussig mild bis kräftig würzig. Je mehr unterschiedliche Blattsalate Sie für einen Salat verwenden, desto besser schmeckt und desto nährstoffreicher ist er. Darüber hinaus ist grünes Blattgemüse ein hervorragender Ballaststofflieferant.

Diese Salate bringen Abwechslung in Ihre Salatschüssel

Salat ist aber nicht gleich Salat. Während manche Salate als **vegetarische Gerichte** gelten, eignen sich andere besser als **Beilagen,** als **Zwischengericht** oder auch als **komplette Mahlzeit.** Besonderer Zuwendung bedürfen die frischen, sensiblen Blattsalate. Blattsalat ist eigentlich ein Gemüse, ein Blatt- bzw. ein Grüngemüse. Bei Blattsalaten muss noch die natürliche Zellspannung vorhanden sein, sie müssen ferner appetitanregend und frisch aussehen und einen feinen säuerlichen bis pikanten Geschmack aufweisen.
Salat ist als Gemüse meist grün und aus Blättern zu einem Kopf oder zu einem Büschel gewachsen. Es gibt ihn zartbitter, nussig, leicht süßlich oder mineralisch frisch, glatt und glänzend, dick oder dünn, sanft gewellt oder wild gelockt.

SALAT-ABC

1 Endiviensalat oder **Eskariol:** Der typische Wintersalat hat ausgeblichene Blätter, welche leicht bitter schmecken können.

2 Chicorée oder **Brüsseler Spitzen:** Weiße bis gelbliche, länglich-ovale, fest geschlossene Blätter von frischem, zartwürzigem Geschmack. Chicoréesalat kann man auch als gekochtes oder geschmortes Gemüse essen.

3 Römersalat oder **Romana-Salat:** Länglich ovale, an den Spitzen abgerundete, tiefgrüne feste Blätter und große feste Köpfe. Die Köpfe mit den kräftigen grünen Blättern und der dicken Mittelrippe haben ein leicht süßliches Aroma.

4 Riccia oder **Friséesalat:** Seine äußeren Blätter sind stark gezackt und kräftig grün, sein Herz ist hell. Der Verwandte des Endiviensalats hat ein leicht bitteres Aroma.

5 Kopfsalat oder **grüner Salat:** Der klassische Blattsalat hat feste bis lockere, zart- oder grobblättrige Köpfe. Die Blattfarbe wechselt je nach Sorte von hellem Gelbgrün bis zu kräftigem Violett oder Braungrün. Beim Einkauf sollten Sie darauf achten, dass die Köpfe geschlossen und die Blätter knackig sind.

6 Lollo rosso: Sie sehen wie krause Kopfsalate aus. Der Lollo rosso hat knackige Blätter mit dunkelroten bis violetten Blatträndern, der Lollo biondo hellgelbe bis hellgrüne Blätter.

7 Zuckerhut: Verdankt seinen Namen nicht seinem süßen Geschmack, sondern seiner originellen tütenartigen Form. Sein leicht bitterer Geschmack mildert sich mit zunehmender Reife sowie durch Wässern in lauwarmem Wasser.

8 Maikönig: Der Salat »Maikönig« ist eine frühe, sehr verbreitete Sorte, deren zarte Köpfe hellgrün sind. Dieser Salat hat einen mittelgroßen rundlichen Kopf. Er ist sehr gut geeignet als Garnitur für Vorspeisencocktails.

9 Vogelesalat oder **Feldsalat:** (in der Schweiz Nüssli und in Deutschland Rapunzel oder auch Ackersalat): Die dunkelgrünen Blätter schmecken etwas herb und nussig. Kräftige Begleiter wie Speck und Räucherfische passen sehr gut dazu.

10 Rucola oder **Rauke:** Der Trendsalat der letzten Jahre ähnelt im Geschmack dem Löwenzahn. Die länglichen, lanzenförmigen Blätter haben einen pikant-würzigen bis bitteren Geschmack. Rucola wird für Mischungen mit anderen Salaten, als Pesto, für Risotto, für Pizza und zu Nudelgerichten verwendet oder pur mit Speckdressing gegessen. Die dunkelgrünen gezackten Blätter werten jeden Salat auf. Die darin enthaltenen Senföle sorgen für sein leicht pfeffriges bis scharfes Aroma.

11 Löwenzahn oder **Zichorie:** Am schmackhaftesten ist junger Löwenzahn. Wenn man ihn in lauwarmes Wasser legt, verflüchtigt sich das Bittere. Er regt die Verdauung an. Gelblichweißer Löwenzahn schmeckt sehr mild.

12 Eichblattsalat: Seine Blätter gleichen mit ihrem rötlich braunem Aussehen sehr dem Eichenlaub. Es gibt ihn gelb- oder rotblättrig; sein Geschmack erinnert an Haselnüsse.

Aus dem Garten kommen frische und gesunde Salate täglich auf den Tisch.

Blattsalate lassen sich in zwei Gruppen einteilen:

- **Lattichsalate:** Dazu gehören der klassische grüne Kopfsalat, Lollo rosso und bianco, Eichblattsalat oder Eissalat.
- **Zichoriensalate:** Sie haben eine leicht bittere Note. Dazu gehören Radicchio, Frisée, Zuckerhut und Chicorée. Diese Salate eignen sich zum Kochen, können also auch warm zubereitet werden.

Salate putzen und waschen

Um die Vitamine und die knackige Frische der Salate zu erhalten, sind bei der Vorbereitung einige wichtige Punkte zu berücksichtigen:

- Salatgemüse muss der Art und Form entsprechend geputzt und zerkleinert werden.
- Verdorbene und unansehnliche Blätter sofort entfernen.
- Bei Blattsalaten die einzelnen Blätter ablösen, eventuell den Wurzelansatz oder Strunk herausschneiden.
- In reichlich nicht zu kaltem Wasser waschen. Bei Bedarf das Wasser wechseln.

Knackige Salate zu jeder Jahreszeit

Nur aus frischen Zutaten lassen sich gesunde und leckere Salate zubereiten!
Da die Blätter einen hohen Wasseranteil haben, sind sie nicht lange haltbar. Kaufen Sie also Blattsalate **immer frisch** ein: Nicht nur der Salat schmeckt besser, er enthält auch mehr Vitamine und Nährstoffe.

Lassen Sie sich beim Salatkauf von Ihren Augen leiten:

- Frische Ware sieht auch frisch aus. Die Blätter dürfen keine **braunen, welken** oder **schleimigen** Stellen haben.
- Lassen Sie ihn nie **längere Zeit im Wasser liegen,** da sonst viele wasserlösliche

SALAT HEISST »EINGESALZEN«

Wussten Sie, woher das Wort »Salat« stammt? Richtig! Vom italienischen »*insalata*« und bedeutet so viel wie »eingesalzen«. Salate sind daher im Wortsinn »mit Salz haltbar gemachte Speisen«. Früher war Salat ein Essen der armen Leute, heute hat er seinen festen Platz in der Küche – von einfach bis fein.

[1] Salatblätter in mundgerechte Stücke reißen oder schneiden. [2] Für geschnittene Salate, wie Radicchio, Eissalat, Chinakohl, den Salat vierteln oder halbieren und in Streifen schneiden. [3] Gewaschene Salate gut abtropfen lassen oder in einer Salatschleuder trocken schleudern, damit die Salatsauce nicht verwässert.

Vitamine und Mineralstoffe ausgeschwemmt werden.

- Ein Blattsalat kann mehrere Stunden im Voraus geputzt und dann im Kühlschrank aufbewahrt werden.
- Das Dressing sollten Sie erst unmittelbar vor dem Servieren zugeben, da der Salat sonst schnell zusammenfällt und unappetitlich aussieht.

Aufbewahren

- Wenn es sich um einen Salatkopf handelt, empfiehlt es sich, ihn ein wenig mit kaltem Wasser zu besprühen und kühl zu lagern. Geputzte und bereits zerzupfte Salate sollte man nach dem Waschen kurz abschütteln und noch feucht in Frischhaltesäckchen verpackt im Gemüsefach des Kühlschrankes aufbewahren.
- Nicht mehr ganz frische Salatköpfe mit dem Strunk nach oben in eine Schüssel mit Wasser legen und über Nacht in den Kühlschrank stellen: So werden sie wieder knackig.

Rohen und gekochten Gemüsesalat schneiden

Gemüse kommt roh oder gegart in den Salat. Grundsatz: Je gröber und härter das Gemüse, umso feiner wird es geschnitten.

Waschen

- Salate mehrmals in reichlich, nicht zu kaltem Wasser durchschwenken.
- Bei besonders hoher Verschmutzung, Blätter einzeln unter fließendem Wasser reinigen.
- Salate nur kurz im Wasser liegen lassen (Vitaminverlust).

VOGELESALAT (FELDSALAT)

Klassisch ist die Beilage von gehacktem Ei, in Butter gerösteten Brotwürfelchen oder gehackten Nüssen. Fein ist auch die Kombination mit Feta und Radicchio oder mit Räucherlachs, geräuchertem Forellenfilet, Schinkenstreifen, gebratenen Champignons oder gekochten Kartoffelscheiben. Natürlich schmeckt Vogelesalat auch solo ausgezeichnet.

Kresse gibt Salaten und Saucen eine feine und pikante Note.
[1] Rettichkresse (Sakuna)
[2] Bonagekresse
[3] Broccolikresse
[4] Tohoonkresse
[5] Affilakresse
[6] Rock Chives Kresse
[7] Rote Bete (Scanletkresse)
[8] Gartenkresse
[9] Persinettekresse

- Die Zugabe von Kochsalz oder Essig zieht das Ungeziefer heraus.

Schleudern

Blattsalate erst kurz vor der Verwendung waschen und in einer Salatschleuder trocknen: So machen die Blätter nicht schlapp.

SALATE IM BEUTEL

Es ist zwar einfach und bequem, sich einen Beutel Salatmix aus dem Kühlregal eines Supermarktes zu nehmen: Besser und vor allem gesünder ist es allerdings, sich seine eigene Mischung aus frischen Salaten vom Gemüsehändler oder Markt zusammenzustellen.

Baby-Boom beim Salat

Junge Blättchen sind eine zarte Delikatesse: Babysalat nennt man die ersten kleinen Blätter von Gemüse- oder Salatpflanzen, die bereits 2–4 Wochen nach der Aussaat geerntet werden. Sie schmecken besonders aromatisch. Eine bekannte Mischung ist **»Mesclun«.**

Beliebte Schnittsalat- oder Babysalat-Sorten: Roter Mangold, grüner und roter Batavia, Roter Senfsalat, Rote Bete.

Radieschenblätter

Wenn das Grün der Radieschen noch knackig frisch ist, dieses nicht wegwerfen, sondern in feine Streifen schneiden und zum Salat geben.

Sprossen als Fitmacher

Egal ob groß oder klein, Sprossen haben jede Menge Vitamine, Mineral- und Ballaststoffe in sich.
Sprossen, oder botanisch **korrekt Keimlinge,** sind wahre Energiebomben. Es sind schmackhafte Jungpflanzen, die gerade die Samenschale durchbrochen oder bereits einen dünnen Stängel gebildet haben. Zum Keimen eignen sich sowohl Hülsenfrüchte, Linsen und Getreidekörner, aber auch Rettich-, Rohnen-, Kren-, Radieschen-, Alfa Alfa-, Senf- oder Zwiebelsamen.

Sprossen sollten möglichst rasch verzehrt werden. Jedoch im Kühlschrank lassen sie sich gut zwei Tage aufbewahren.
[1] Fenchelsprossen
[2] Broccolisprossen
[3] Alfaalfa Sprossen
[4] Rote-Bete-Sprossen
[5] China Rose
[6] Radieschensprossen
[7] Rotkrautsprossen
[8] Sojasprossen
[9] Sangosprossen

Blüten und Blumen in der Küche

Wenn Sie Blumen oder Blüten in der Küche nutzen wollen, sind einige wichtige Regeln zu beachten:

- Die Blütenpflanzen müssen ohne Pestizide kultiviert werden.
- Am besten schmecken Blüten aus dem eigenen Biogarten oder solche, die in der Natur gesammelt wurden.
- Die Ernte der Blüten sollte am Vormittag, bei trockenem Wetter und wenn möglich kurz vor der Verwendung stattfinden, denn Blüten welken sehr schnell.

Weitere Blüten

In der Küche verwendet werden können: Schnittlauch-, Thymian-, Rosmarin-, Himbeer-, Erdbeer-, Apfel-, Kirsch- und Waldmeisterblüten sowie Lavendel-, Rosen-, Veilchen- und Jasminblüten.

Salatbuffet

Für größere Essen ist es praktisch, die Salate als Buffet zu servieren: Der Gast hat so die Möglichkeit, selbst aus verschiedenen Salatsorten auszuwählen. Das Salatangebot der Saison kann auf besonders attraktive Weise präsentiert werden.

Aufbau eines Salatbuffets

- Blattsalate (Vogelesalat, Endivien, Radicchio, Eichblatt, Eisbergsalat usw.)

Blüten sind nicht nur ein Augenschmaus, sie schmecken auch gut und werden zum Aromatisieren verschiedener Speisen genutzt. [1] Borretschblüten [2] Bachkresse [3] Stiefmütterchen [4] Bärlauch [5] Löwenzahn [6] Ringelblume [7] Kapuzinerblüte [8] Brennnesselblüten [9] Königskerze

Zu Salatbuffets gehören Blatt- und Gemüsesalate, qualitativ hochwertige Öle und Essige sowie Dressings.

- Rohe Gemüsesalate (Karotten, Gurken, Tomaten, Peperoni, Fenchel usw.)
- Salate von gekochtem Gemüse (Blumenkohl, Spargel, Fenchel, Karotten usw.)
- Mischsalate mit Käse, Fleisch, Geflügel, Fisch, Krustentieren, Teigwaren, Reis
- Mischsalate mit Obst (Melonen, Äpfel, Birnen, Trauben usw.)
- Salate mit Getreide und Hülsenfrüchten (Dinkel, Weizen, Grünkern, Linsen, Erbsen, Bohnen und deren Keimen)
- Verschiedene Salatsaucen (French-, Zwiebel-, Joghurt-, Kräuter-, Balsamicodressing usw.)

Kartoffelsalat

Bekömmlicher

Kartoffelsalat wird bekömmlicher, wenn man etwas Kren in die Marinade gibt.

Haltbarer

Zwiebeln in wenig Essig oder Wasser aufkochen und heiß zum Salat geben: Dadurch gärt der Salat bei längerer Lagerung nicht so leicht und wird haltbarer.

Verfeinern

- Kartoffeln mit Kümmelsamen kochen.
- Mit etwas heißer Fleischsuppe angießen.
- Remouladensauce unter die Kartoffeln mischen.
- Kartoffelsalat schmeckt noch würziger, wenn er nach dem Anmachen mit Essig und Senf einige Zeit durchzieht, bevor das Öl untergemischt wird.

Salate anmachen

Die Zugabe von Öl erschließt das Aroma der Kräuter und Gewürze.

DIE HÄUFIGSTEN FEHLER

Wenn der Kartoffelsalat **sauer** schmeckt, wurden alte und neue Kartoffeln vermischt. Wenn er dagegen **ranzig** schmeckt, dann waren die Kartoffeln nicht richtig gar, wurden zu lange gelagert.

[1] Mischblattsalat: In Butter geröstete Brotwürfel harmonieren gut und heben besonders den Salatgeschmack hervor. [2] Bunter Tomatensalat: Rote, gelbe, grüne und schwarze Tomaten bringen nicht nur Farbe auf den Teller, sie sind auch ein Fest für Augen und Sinne. [3] Kartoffelsalat: Kartoffeln noch warm verarbeiten, damit die Marinade aus Essig und Öl besser einzieht (siehe vordere Umschlag-Innenseite).

- Man mischt den Salat mit der Salatsauce oder mit Essig, Öl und den Gewürzen in einer großen Schüssel locker durch und richtet ihn auf Tellern oder in einer Salatschüssel an.
- Man garniert farbenfroh mit Kräutern, Blüten, Tomaten oder Radieschen.
- Bei gemischten Salaten ordnet man die verschiedenen Salatgemüse nach Farben an.
- Rohe Salate, vor allem Blattsalate und Rohkost, erst **kurz vor dem Servieren** anmachen.
- Salat aus gekochtem Gemüse eventuell **warm anmachen** und bis zum Erkalten durchziehen lassen.

Kräuter müssen sein

Für jeden Salat ist ein »Kräutlein gewachsen«: Kombinieren Sie frische Gartenkräuter nach Lust und Laune mit Ihrem Lieblingssalat. Kräuter am besten immer zum Schluss zugeben, frisch gezupft und grob zerkleinert.

Salate in Kombination mit **gartenfrischen Kräutern** erhöhen den Vitamin- und Mineralstoffgehalt. Zudem helfen Kräuter auch Salz zu sparen.
Als würzige Ergänzung können auch Blätter von Löwenzahn, Bärlauch, Sauerampfer oder Spinat dabei sein. Bedingungen sind: Qualität, Reinheit und Frische der Salate und die Ausgewogenheit von **Farbe, Struktur** und **Geschmack.**

Gartenfrische Kräuter und Blüten im Salat ersetzen vielfach Salz und Pfeffer.

Essig und Öl

Entscheidend für die gelungene Zubereitung von Blattsalaten ist neben der Qualität und Frische vor allem der **Einsatz bester Öle** und **Essige.**

SÜSSER TRICK

Hat der Essig eine zu spitze Säure, hilft es, eine Prise **Zucker** oder etwas **Honig** in die Marinade zu rühren: Süße rundet Säure harmonisch ab.

Balsamico

Balsamicoessig ist dickflüssig und dunkel und kann zum Abschmecken für alle edlen Salate verwendet werden, ebenso zum Verfeinern von Linsen- und Tomatensalaten.

Ein paar Tropfen Balsamicoessig runden Blattsalate, aber auch Gemüse- und Pilzsalate ab. Echter Aceto Balsamico schmeckt auch auf einem Stück Parmigiano Reggiano und zu Erdbeeren.

Balsamicosorten – was die Etiketten bedeuten

- **Aceto Balsamico di Modena:** Balsamicoessig wird aus mindestens 20 Prozent eingekochtem Traubenmost, aus 10 Prozent Weinessig und mindestens zehn Jahre altem Essig gewonnen. Ein drei Jahre gereifter Essig darf sich »invecchiato« nennen.
- **Aceto Balsamico Tradizionale di Modena:** Der traditionelle, ursprüngliche Balsamicoessig ist eine kulinarische Rarität. 100 Milliliter kosten ab ungefähr 50 Euro. Er wird nur aus eingedicktem Traubenmost hergestellt.
  Er reift mindestens zwölf Jahre in verschiedenen Holzfässern.
- **Aceto Balsamico:** Balsamicoessig ohne Zusatz »di Modena« unterliegt keinen festen Qualitätskriterien.
- **Weißer Balsamicoessig:** *Condimento Bianco* heißt »weiße Würze«. Anders als der dunkle Balsamicoessig passt der Bianco optisch zu allen Speisen. Er wird aus weißen Trauben hergestellt und ist weniger sauer. Gemischt werden Weißweinessig und Traubenmostkonzentrat. Der Most wird bei **niedrigen Temperaturen** eingekocht, um eine Dunkelfärbung zu vermeiden.

OLIVENÖL-BALSAMICOESSIG-DRESSING

Erst Balsamicoessig in den Salat geben und umrühren, danach Olivenöl zufügen. So »klebt« der Essig gut an den Blättern.

ESSIG: SÜSSSAURE SPEZIALITÄTEN

Wein- und Fruchtessige
Im Essigregal tummeln sich viele raffinierte Sorten. Ausgangsprodukte zur Essigherstellung sind Weißweine bzw. Rotweine und Obstweine.

- **Weißweinessig:** Ideal für Salatsaucen, Joghurtsaucen, für Gurkensalat, zum Verfeinern von Saucen oder zum Einlegen von saurem Gemüse (Blumenkohl, Zucchini, Pilze usw.).
- **Rotweinessig:** Würzig mit einem guten Schuss Säure. In satten Tönen von hellrot (Chiantiessig) bis dunkelrot (Burgunderessig).
- **Portweinessig:** Er wird aus Portwein gewonnen, schmeckt süßlich und ist sehr aromatisch. Man verwendet ihn für Melonensalate, aber auch in Spargelsalat mit Garnelen.
- **Sherryessig:** Er wird aus Sherry hergestellt. Er schmeckt süßlich und ist aromatisch, passt zu edlen Blattsalaten und wird zum Marinieren von Geflügelleber und Fischen eingesetzt.
- **Fruchtessig:** Obstessig ist ein Standardessig und passt in jede Salatsauce. Himbeer-, Waldschwarzbeer-, Holunderblüten- und Marillenessig sollte man eher wie ein Gewürz zu Fleisch, Wild und Fisch verwenden, sie passen aber auch besonders gut zu milden Blattsalaten.
- **Apfel- oder Birnenessig:** Er wird aus vergorenem naturtrübem Apfel- bzw. Birnensaft hergestellt. Er passt ideal zu Frucht- und Blattsalaten, Kartoffel-, Enten- und Maissalat.
- **Marillenessig:** Aus Chardonnay mit Marillensaft, passt zu Salaten, Dips, aber auch zu geräuchertem Fisch.
- **Himbeeressig:** Meist aus aromatischem Obst- oder Weinessig oder aus Blauburgunder und Himbeersaft. Selten: reiner Fruchtessig aus vergorenen Himbeeren. Dieser Essig passt auch zu kräftigen Salaten wie Vogelesalat und Rucola.
- **Weitere Essige:** Minzeessig, Ingweressig, Krenessig, Feigenessig, Gewürztramineressig, Honigessig, Dattelessig.

Olivenöl – flüssiges Gold im Salat

Als Feriengäste haben wir die würzigen Gerichte des Mittelmeeres lieben gelernt: Wo schon in der freien Natur der Duft von wildem Rosmarin, Thymian und Salbei die Nase verwöhnt, verlockt auch die Küche mit wohlschmeckenden Gerichten, die ihr typisches Aroma oft dem **Geschmack des Olivenöls** verdanken.

Jedem sein liebstes Olivenöl

Beim Olivenöl ist es wie beim Wein. Die Kraft aus der Erde und die Wärme der Sonne geben jedem Öl seinen eigenen Charakter. Je nach Boden, Klima, Olivensorte und Erntezeitpunkt schmeckt das Olivenöl **erdig** oder **fruchtig, würzig** oder **mild, rassig** oder **fein.**

Topqualität: extra natives Olivenöl

Grundsätzlich teilt man Olivenöle in verschiedene Qualitätskategorien ein. Zur **Spitzenkategorie** zählen Produkte mit der Bezeichnung **»olio extra vergine d'oliva«.** Diese Öle dürfen nur mit mechanischen Mitteln aus Oliven gewonnen werden und höchstens 0,8 Prozent freie Fettsäuren enthalten.

Essige (v. l. n. r.): Estragonessig, Baroloessig, Apfelessig, Balsamicoessig, Kastanienessig, Tomatenessig, Bockbieressig, Gewürztraminneressig, Safranessig

Öle (v. l. n. r.): Knoblauchöl, Oreganoöl, Rosmarinöl, Olivenöl, Olivenöl extra vergine, Pfefferöl, Peperoncinoöl, Peperonischotenöl, Zitronenöl

Kalt gepresst ist gesund

Geschmackvoller und gesünder kann niemand sein Fett abbekommen: Kalt gepresste Öle mit ihrem hohen Anteil an ungesättigten Fettsäuren werden vom Körper optimal aufgenommen und senken den Cholesteringehalt.

EINKAUF KALT GEPRESSTER OLIVENÖLE

Der Kauf von kalt gepresstem Öl ist letztendlich **Vertrauenssache**, da der Begriff kein juristisch eindeutig definiertes Produktionsverfahren beschreibt. Traditionelle mechanische Pressverfahren ohne Lösungsmitteleinsatz sowie die penible Einhaltung von Temperaturgrenzen gewährleisten, dass die wertvollen Inhaltsstoffe der Ölsaaten so weit wie möglich erhalten bleiben.

Nicht nur Olivenöle

Es gibt nicht nur Olivenöle. In der Salatküche kann man auch Walnussöl, Haselnussöl, Sesamöl, Traubenkernöl, Maiskeimöl, Distelöl, Leinsamenöl, Kürbiskernöl, Erdnussöl, Weizenkeimöl, Sonnenblumenöl, Sojaöl oder Rapsöl verwenden.

Dressings/Vinaigretten

Knackiger Salat ist nicht nur gesund: Mit wechselnden Dressings schmeckt der Klassiker immer wieder aufregend neu, zum Beispiel mit einem Dressing aus Joghurt, Kräutern, Senf, Tomaten, Spargel, Kartoffeln, Orangen oder Limetten.

Warum fällt Salat mit Dressing zusammen?

Der Grund dafür liegt in der chemischen Struktur von Salatblättern und Dressing. Die Blätter bestehen hauptsächlich aus Wasser und darin gelösten Salzen. Der Salzgehalt des Dressings ist allerdings höher. Da Wasser chemisch betrachtet immer von der höheren Salzkonzentration angezogen wird, verlieren die Blätter ihre Feuchtigkeit, wenn sie mit der Salatsauce in Verbindung kommen.

OLIVENÖL AUS ITALIEN

Die verschiedenen Anbaugebiete Italiens lassen sich grob in folgende Geschmacksprofile einteilen:

Merkmale	Herkunft
Äußerst mild, dezenter Kräuterduft / süßer Mandelgeschmack	**Norditalien**
Sehr kräftig, Duft nach grünen Äpfeln, Lorbeer, frischem Gras / pikanter Geschmacksnachhall	**Toskana**
Kräftig / typisch pfeffriger Geschmack	**Apulien**
Kräftig / mit Walnussbitterton und süßlichem Mandelgeschmack	**Süditalien**
Sehr intensiv und kräftig / Duft nach Gras, Kiwi und Zitronen / süßlicher Geschmack und pfeffriger Abgang	**Sizilien**

Vinaigrette – die perfekte Salatsauce

Für eine klassische emulgierte Vinaigrette werden ein Teil Essig und drei Teile Öl plus Salz und Pfeffer zu einer homogenen Masse geschlagen. Sie ist vor allem sehr sauer, das Öl schmeckt man fast gar nicht. Diese Proportion eignet sich eher für einen **gemischten Salat.**

TIPPS UND TRICKS

- Man sollte das Salz immer im Essig verrühren, nicht nur weil es sich im Öl nicht gut löst, sondern auch weil sich gesalzenes Öl schlecht mit Essig mischt.
- Bei einer Vinaigrette mit Senf sollte der Essig immer erst zum Schluss dazugegeben werden.
- Eine klassische Vinaigrette hält sich in einer geschlossenen Flasche im Kühlschrank mindestens 1 Woche. Zum Servieren braucht sie nur aufgeschüttelt zu werden.
- Schmeckt die Vinaigrette zu sauer, helfen einige Messerspitzen Zucker oder Honig.
- Soll die Vinaigrette leichter schmecken, kann man sie mit Brühe verdünnen.

Das richtige Dressing gibt einem frischen Salat Pfiff, ohne den Eigengeschmack der Salate zu überdecken.

Die Krönung für Salate

Ein paar raffinierte Kleinigkeiten machen jeden Salat zur aufregenden Kreation. Neben einem leckeren Dressing tragen auch die sogenannten »Toppings« zum Gelingen eines Salates bei.
Lassen Sie Ihrer Fantasie freien Lauf, suchen Sie Inspiration bei allem, was Kühlschrank und Vorratskammer zu bieten haben: **Croûtons,** essbare **Blüten,** panierter **Käse** wie Brie oder mediterrane Zutaten wie **Oliven, Kapern, Kapernfrüchte** und **getrocknete Tomaten.**

Um dem Salat ein köstliches Aroma zu verleihen, Gewürze (Zwiebel, gerösteten Speck, Brotcroutons), Kräuter (Schnittlauch, Petersilie) oder Samen (Kürbiskerne, Schwarzer Sesam, Pinoli, Sonnenblumenkerne, Getreide) hinzufügen und gut untermischen.

Tomaten – bunte Lieblinge

Kein Gemüse ist beliebter und vielseitiger als die Tomate. Aus der Sommerküche ist ihr Aroma kaum wegzudenken. Tomaten sind nicht nur rot: Sie gedeihen in ganz unterschiedlichen **Formen** und **Farben** mit **vielerlei Aromen.** Die meisten Tomatenrezepte sind herrlich flexibel. Je nachdem, was gerade im Garten wächst, kann man statt Kirschtomaten ruhig auch klein geschnittene aromatische Strauchtomaten verwenden.Ob Kirsch-, Cocktail-, Strauch- oder Fleischtomate: Jede Sorte punktet mit viel Vitamin C.

Alte Tomatensorten neu entdeckt

Besonders attraktiv wirken die **neu entdeckten »alten Sorten«,** wenn man ihr auffälliges Äußeres in einem Küchenklassiker zur Geltung bringt. Ein bunter Tomatensalat beispielsweise lässt die Gäste staunen.

Tomaten richtig lagern

Tomaten brauchen eine Temperatur von 11 bis 14 Grad. Bei einer Kühlschranktemperatur von etwa 5 Grad verlieren sie rasch an Geschmack und Aroma.

- Sie sollten möglichst rasch gegessen werden – und bis dahin bei Zimmertemperatur lagern.
- Neben Äpfeln sollten Tomaten nicht liegen, denn die Äpfel verströmen ein Gas, das die Tomaten schneller verderben lässt.

Weine zum Salat

Sommersalate sind schnell zubereitet: Bei der Wahl der passenden Weine ist jedoch Fingerspitzengefühl gefragt. Bei sommerlicher Hitze genügt oft ein Salat gegen den kleinen Hunger – mit Vinaigrette, Tomaten, Meeresfrüchten oder kurz gebratenem Fleisch. Den Wein dazu sollte man mit Bedacht auswählen, denn Essig in einer Vinaigrette lässt manchen Begleiter schnell bitter erscheinen. Sind Tomaten mit im Spiel, wird die Kombination besonders heikel, da sich die Säuren aus Sauce, Gemüse und Wein zu stark addieren.

Grundsätzlich gilt: Keinen allzu säurehaltigen und zu mächtigen Wein servieren, damit der Eigengeschmack des Salates zur Geltung kommt.

Enthält der Salat kräftigere Zutaten, wie gebratene Truthahnbrust, kann der Wein weniger gehaltvoll sein, wie z. B. ein **Chardonnay.**

TOMATENSORTEN

Ananas: Große, gelbe, an der Spitze rot geflammte Fleischtomate mit süßlichem, sehr mildem, ausgezeichnetem Geschmack. *Verwendung:* Salat, Kompott und Saucen

Babuska: Sehr große rot-orange Fleischtomate mit ausgezeichnetem Geschmack. *Verwendung:* Geeignet zum Verkochen für Suppen und Saucen

Black Ethiopian: Aromatisch-saftige, dunkle, runde Tomate. *Verwendung:* Ist die Salattomate schlechthin, aber auch für Saucen geeignet.

Black Cherry: Runde, kleine, dunkelviolette Cocktailtomate mit fein süßlichem Geschmack und vielen kleinen Samen. *Verwendung:* Garniturzwecke und für Salate, da sie als beste Cocktailtomate zählt.

Feuerwerk: Rot-orange gestreifte, leicht rostige Fleischtomate mit einem vorzüglichen aromatischen Geschmack. *Verwendung:* Salate, Tomatenauszug und Saucen

Gelbe Johannisbeere: Sehr winzige, knackige, leicht nussige Cocktailtomate. *Verwendung:* Süße und salzige Kompotte, passt sehr gut zu Gorganzola-Aufstrich und Rucolasalat.

Gelbe Marille: Sehr süßliche, ganz aromatische, exzellente, kleine runde Cocktailtomate. *Verwendung:* Salat und auch zum Naschen zwischendurch

Green Zebra: Grün gestreifte runde mittelgroße Tomate, sehr saftig, frisch und würzig. *Verwendung:* Salate und grüne Tomatenmostarda

Lemon fresh: Zitronengelbe ovale Tomate mit feiner Säure. *Verwendung:* Salat

Orange Ochsenherz: Orange ochsenherzförmige Fleischtomate mit feinem, sehr aromatischem, köstlichem Geschmack. *Verwendung:* Sehr vielfältig verwendbar, vom Salat bis zur Suppe, auch für den Grill geeignet.

Shimmeig Creg: Ist die rote Version von Green Zebra, rot-orange gestreifte runde mittelgroße Tomate, saftig und fein im Geschmack. *Verwendung:* Salate

Valencia: Kakifarbige, trockene, runde Fleischtomate mit feinem säurearmem Fruchtfleisch. *Verwendung:* Salate, Garnitur und Ofentomaten

Yellow ruffled: Gelbe, stark gerippte, hohle Fülltomate mit festem feinem Fruchtfleisch. *Verwendung:* Zum Füllen und Verarbeiten im Ofen

Yellow Stuffer: Gelbe, große, ertragreiche Fleischtomate mit feiner Säure und weichem Fruchtfleisch. *Verwendung:* Salate

Yellow Submarine: Süßliche Cocktailtomate, wegen der netten kleinen Birnenform auch Kindertomate genannt. *Verwendung:* Salat und Garniturzwecke und für Tomatenkompott

Weißkraut-Peperoni-Salat mit Feta

FÜR 4 PERSONEN

Zutaten

400 g	Weißkraut (Weißkohl)
200 g	rote Peperoni
	Salz
3 EL	Weißweinessig
4 EL	Öl
	weißer Pfeffer aus der Mühle
1 EL	Petersilie, in feine Streifen geschnitten

Weiteres

2 EL	Taggiasche-Oliven, fein gehackt
2	Sardellen in Öl, fein gehackt
1 EL	Salzkapern, gewaschen und fein gehackt
1 EL	Olivenöl
200 g	Feta (Griechischer Schafskäse)
1 EL	Petersilie, in feine Streifen geschnitten zum Garnieren
	Erbsensprossen zum Garnieren

Zubereitung

- Weißkrautkopf von Außenblättern befreien, vierteln und dabei den Strunk herausschneiden. Mit Messer oder Gemüsehobel in sehr feine Streifen schneiden.
- Rote Peperoni waschen, putzen mit dem Sparschäler schälen und ebenfalls in feine Streifen schneiden.
- Weißkraut und Peperoni in einer Schüssel mit Salz, Weißweinessig, Öl, Pfeffer und Petersilie vermischen.
- Fein gehackte Taggiasche-Oliven, Sardellen und gewaschene Salzkapern mit Olivenöl vermischen.
- Feta in Scheiben schneiden und auf Tellern neben dem Weißkraut-Peperoni-Salat anrichten.
- Fetascheiben mit Oliven-Sardellengemisch marinieren, mit Petersilie bestreuen, den Weißkraut-Peperoni-Salat mit Erbsensprossen garnieren und servieren.

TIPPS

1. *Dieser Weißkraut-Peperoni-Salat passt gut zu gegrillten oder gebratenen Fleischgerichten.*
2. *Sie können auch ½ Teelöffel Kümmel unter den Weißkraut-Peperoni-Salat mischen.*
3. *Anstelle von Feta können Sie auch Mozzarella oder Ziegenfrischkäse verwenden.*

Bohnen-Thunfisch-Salat

FÜR 4 PERSONEN

Zutaten

250 g	grüne Bohnen
100 g	Zwiebeln
100 g	Cocktailtomaten
300 g	Thunfisch in Öl
100 g	Taggiasche-Oliven
	Salz
	Pfeffer aus der Mühle
30 ml	Weißweinessig
1 TL	scharfer Senf
50 ml	Olivenöl
1	Knoblauchzehe, fein gehackt
1 EL	Petersilie, fein geschnitten

Weiteres

100 g	Maikönigsalat
2 EL	geröstete Pinoli

Bohnen: etwa 8 Minuten

Zubereitung

- Grüne Bohnen putzen, waschen, in Salzwasser kochen und in kaltem Wasser auskühlen. Gekochte Bohnen in etwa 4 cm lange Stücke schneiden und bereitstellen.
- Zwiebeln schälen und in Ringe schneiden.
- Cocktailtomaten vom Stielansatz befreien, waschen und halbieren.
- Thunfisch zerbröckeln und zusammen mit den Cocktailtomaten, Bohnen und Taggiasche-Oliven sowie den Zwiebelringen vermischen.
- Bohnen-Thunfisch-Salat mit Salz, Pfeffer, Weißweinessig, Senf, Olivenöl, Knoblauch und Petersilie marinieren.
- Bohnen-Thunfisch-Salat mit Maikönigsalat anrichten, mit Pinoli bestreuen und servieren.

TIPPS

1. *Sie können den Bohnen-Thunfisch-Salat zusätzlich mit gekochten, geviertelten Eiern garnieren.*
2. *Den Bohnen-Thunfisch-Salat können Sie auch mit Naturjoghurt oder Mayonnaise anmachen.*
3. *Anstelle der grünen Bohnen können Sie weiße Bohnen oder Linsen verwenden.*
4. *Anstelle von Thunfisch können Sie den Salat auch mit Calamaretti, Forellen, Makrelen oder Sardinen anrichten und servieren.*

Gemüse-Käse-Salat

Für 4 Personen

Zutaten

100 g	Zucchini
100 g	Knollensellerie
100 g	Karotten
100 g	Emmentaler oder Bergkäse
1 EL	Zitronensaft
1 EL	Petersilie, fein geschnitten
1 TL	Estragon, fein geschnitten
	Salz
	Pfeffer aus der Mühle

Weiteres

80 g	Magertopfen (Magerquark)
1 EL	Schnittlauch, fein geschnitten
	Salz
8	Speckscheiben
	Schnittlauchhalme zum Garnieren
	alter Balsamicoessig zum Garnieren

Gemüse: etwa 4 Minuten

Zubereitung

- Zucchini putzen, waschen, mit der Schale in 4 cm lange Streifen schneiden.
- Knollensellerie und Karotten schälen und ebenfalls in 4 cm lange Streifen schneiden.
- Gemüse getrennt kochen oder dämpfen, abgießen, auskühlen lassen und auf einem Küchenkrepp abtropfen lassen.
- Emmentaler in Streifen schneiden und mit dem gekochten Gemüse mischen.
- Mit Zitronensaft, Petersilie, Estragon, Salz und Pfeffer würzen.
- Magertopfen mit Schnittlauch und Salz vermischen.
- Gemüse-Käse-Salat auf Tellern mit Magertopfennocke und Speck anrichten.
- Mit Schnittlauchhalmen und altem Balsamicoessig garnieren und servieren.

TIPPS

1. *Sie können den Gemüse-Käse-Salat auch nur mit Olivenöl, Apfelessig, Salz und Pfeffer anmachen und mit gekochtem Schinken und Radieschen garnieren.*
2. *Anstelle der Zucchini können Sie auch Kartoffeln verwenden.*
3. *Anstelle von Speck verwenden Sie Rohschinken, Bresaola, Roastbeef englisch oder gebratene Hühnerbrust.*
4. *Sie können den Salat auch mit gekochten Eiern oder Thunfisch servieren.*

Zweierlei Tomatensalat mit gebackener Mozzarella

Für 4 Personen

Zutaten

200 g	Ochsenherz-Tomaten
200 g	gelbe Tomaten
2 EL	weißer Balsamicoessig
4 EL	Olivenöl
	Salz
	Pfeffer aus der Mühle
2	Mozzarellakugeln zu je 125 g
2 EL	Mehl zum Panieren
2	Eiweiß zum Panieren
120	grüne Brösel (120 g Toastbrot mit 2 EL Petersilienblättern fein aufmixen) zum Panieren
	Öl zum Braten

Weiteres

2 EL	Rucola zum Garnieren
50 g	schwarze Oliven zum Garnieren
	alter Balsamicoessig zum Garnieren

Gebackene Mozzarella: etwa 3 Minuten

Zubereitung

- Beide Tomatensorten waschen, Stielansatz herausschneiden und in Scheiben schneiden.
- Eine Marinade aus weißem Balsamicoessig, Olivenöl, Salz und Pfeffer anrühren.
- Ochsenherzen und gelbe Tomatenscheiben mit der Marinade anmachen und auf Teller verteilen.
- Mozzarella in Würfel schneiden und mit Mehl, Eiweiß und grünen Bröseln panieren.
- Mozzarellawürfel in heißem Öl beidseitig kurz backen und auf die Tomatenscheiben legen.
- Mit gezupftem Rucola, schwarzen Oliven und altem Balsamicoessig garnieren und servieren.

TIPPS

1. *Auch Fleisch- oder Eiertomaten (San Marzano) eignen sich gut für diesen Salat.*
2. *Statt Mozzarella verwenden Sie Feta, Burrata oder Camembert.*
3. *Anstelle der grünen Brösel verwenden Sie Brotbrösel.*
4. *Sie können den Tomatensalat auch mit Vogelesalat garnieren.*

Grillgemüsesalat

Für 4 Personen

Grillgemüse

150 g	rote und gelbe Peperoni
100 g	Melanzane
150 g	Zucchini
30 ml	Olivenöl
	Salz
	Pfeffer aus der Mühle

Marinade

30 g	Zwiebeln, fein geschnitten
2 EL	Rotweinessig
60 g	schwarze Oliven, grob gehackt
2 EL	Salzkapern, gewaschen
2	Sardellen, grob gehackt
1	Knoblauchzehe, fein gehackt
	Salz
	Pfeffer aus der Mühle
40 ml	Olivenöl
2 EL	Petersilie, fein geschnitten

Weiteres

Thymian zum Garnieren

Grillgemüse:
etwa 6 Minuten

Grillgemüse

- Peperoni putzen, waschen und in Stücke schneiden.
- Melanzane putzen, halbieren und in Scheiben schneiden.
- Zucchini putzen, halbieren und längs in Scheiben schneiden.
- Peperoni, Melanzane und Zucchini mit Olivenöl grillen, mit Salz und Pfeffer würzen, auskühlen lassen.

Marinade

- Zwiebelwürfel, Rotweinessig, schwarze Oliven, Salzkapern, Sardellen, Knoblauch, Salz und Pfeffer gut verrühren und Olivenöl einrühren.
- Mit fein geschnittener Petersilie vermischen.

Fertigstellung

- Grillgemüsesalat mit der Marinade marinieren, mit Thymian garnieren und servieren.

TIPPS

1. *Sie können auch Tomatenwürfel zum Salat geben.*
2. *Zum Grillen eignen sich auch andere Gemüsesorten wie Kürbis, Spargel, Fenchel oder Radicchio.*
3. *Der Salat passt zu Rohschinken, Speck, Culatello oder Salami.*

Blumenkohlsalat mit Kapernmayonnaise

FÜR 4 PERSONEN

Kapernmayonnaise

1	Eigelb
½ TL	Senf
1 EL	Wasser
100 ml	Öl
1 Spritzer	Weißweinessig
1 TL	Zitronensaft
	Salz
50 g	Salzkapern, gewaschen und fein gehackt
1 EL	Schnittlauch, fein geschnitten
	Pfeffer aus der Mühle

Blumenkohl

600 g	Blumenkohl

Weiteres

2	gekochte Eier, in Scheiben geschnitten
	Salzblüte (Fleur de Sel) zum Garnieren
20 g	Vogelesalat

Blumenkohl: etwa 7 Minuten

Kapernmayonnaise

- Eigelb, Senf und Wasser in einer Rührschüssel mit einem Schneebesen oder Pürierstab gut verrühren.
- Öl fadenweise in die Eigelbmasse einrühren, bis eine Emulsion (Mayonnaise) entsteht.
- Mayonnaise mit Weißweinessig, Zitronensaft und Salz abschmecken.
- Gehackte Kapern untermischen, mit Schnittlauch und Pfeffer abschmecken und bereitstellen.

Blumenkohl

- Blumenkohl putzen, grüne Blätter entfernen. Röschen abschneiden und in Salzwasser kochen.

Fertigstellung

- Gekochten Blumenkohl und gekochte Eierscheiben auf der Kapernmayonnaise anrichten.
- Die Eierscheiben mit Salzblüte bestreuen, mit Vogelesalat garnieren und servieren.

TIPPS

1. *Sie können den Salat mit gebratenen Garnelen, Lachs, geräucherter Forelle oder Aal servieren.*
2. *Statt Blumenkohl können Sie Broccoli oder Spitzkohl verwenden.*
3. *Sie können den Blumenkohlsalat auch mit anderen Blattsalaten wie Eichblatt-, Friséesalat oder Rucola garnieren.*

Pfifferlingsalat

FÜR 4 PERSONEN

Zutaten

600 g	Pfifferlinge
50 g	Zwiebeln
4 EL	Olivenöl oder Nussöl
	Salz
	Pfeffer aus der Mühle
1 EL	Petersilie, fein geschnitten
2 EL	Weißweinessig
120 g	eingelegte Tomaten oder frische Tomaten, in Würfel geschnitten

Weiteres

Vogelesalat zum Garnieren

Pfifferlinge: etwa 4 Minuten

Zubereitung

- Pfifferlinge putzen, kurz waschen und auf einem Küchentuch trocknen lassen. Je nach Größe halbieren, vierteln oder in Scheiben schneiden.
- Zwiebel schälen und fein schneiden.
- Etwas Olivenöl erhitzen, Pfifferlinge dazugeben, kurz rösten, dabei die Pfanne öfter kräftig bewegen, Zwiebeln hinzufügen und mitdünsten.
- Salzen und pfeffern, Petersilie beigeben, mit Weißweinessig abschmecken, eventuell nochmals mit Olivenöl übergießen und mit eingelegten Tomaten vermischen.
- Den Pfifferlingsalat mit Vogelesalat servieren.

VARIATION

Pfifferlingsalat mit gekochtem Ei: Unter die Pfifferlinge 2 gekochte, grob gehackte Eier mischen und anstatt mit Essig mit 2 Esslöffeln Zitronensaft abschmecken.

TIPPS

1. *Sie können die Pfifferlinge auch mit Knoblauch abschmecken.*
2. *Servieren Sie den Pfifferlingsalat zu verschiedenen kalten Vorspeisen wie Antipasti, zu italienischen Wurstwaren usw.*
3. *Sie können den Pfifferlingsalat auch mit Pecorino servieren.*
4. *Anstelle der Pfifferlinge können Sie Steinpilze oder Austernpilze verwenden.*

Gurken-Erbsen-Salat mit Joghurtdressing

Für 4 Personen

Gurken-Erbsen-Salat

250 g	Salatgurken
200 g	gekochte Erbsen
100 g	Maikönigsalat
80 g	Eichblattsalat
50 g	Radicchio
2 EL	Kerbelblätter

Joghurtdressing

	Salz
	Pfeffer aus der Mühle
30 ml	Zitronensaft
125 ml	Naturjoghurt
30 ml	Olivenöl
1	Knoblauchzehe, fein gehackt

Weiteres

1 EL	Estragon oder Petersilie, fein geschnitten
1 EL	Borretschkraut, fein geschnitten
4 EL	geröstete Brotwürfel

Gurken-Erbsen-Salat

- Salatgurken putzen und waschen, eventuell das Kerngehäuse herausschaben, dann in Scheiben schneiden.
- Salatgurken, gekochte Erbsen, Maikönig-, Eichblattsalat, Radicchio und Kerbelblätter auf Tellern anrichten.

Joghurtdressing

- Salz, Pfeffer, Zitronensaft, Naturjoghurt, Olivenöl und Knoblauch gut verrühren.

Fertigstellung

- Salat mit Estragon, Borretschkraut und Brotwürfeln bestreuen und mit Joghurtdressing beträufeln und servieren.

TIPPS

1. *Sie können den Gurken-Erbsen-Salat zusätzlich mit gekochten, geviertelten Eiern garnieren oder auch mit Kapernmayonnaise (Seite 30) anmachen.*
2. *Sie können auch andere Blattsalate wie Rucola, Eiskönig oder Friséesalat verwenden.*
3. *Den Gurken-Erbsen-Salat können Sie auch mit Thunfisch oder Calamaretti servieren.*
4. *Ergänzen Sie den Gurken-Erbsen-Salat mit Mozzarella oder Burrata.*

Melanzanesalat auf Rohschinken

FÜR 4 PERSONEN

Melanzane

600 g	Melanzane
	Salz
2 EL	Mehl zum Bestauben

Dressing

1 EL	Weißweinessig oder Zitronensaft
30 g	Zwiebeln, in Scheiben geschnitten
	Pfeffer aus der Mühle
2	Knoblauchzehen, in Scheiben geschnitten
	Salz
50 ml	Olivenöl
1 EL	Oregano, fein geschnitten
2 EL	Petersilie, fein geschnitten
1	Peperoncino, fein zerrieben

Weiteres

8	Rohschinkenscheiben
	Kerbel zum Garnieren
	Backfett

Melanzane:
etwa 160 Grad

Melanzane:
etwa 3 Minuten

Melanzane

- Melanzane waschen, in 2 x 2 cm große Würfel schneiden, salzen und mit Mehl bestauben.
- Melanzane in heißem Fett backen.

Dressing

- Weißweinessig, Zwiebeln, Pfeffer, Knoblauch, Salz, Olivenöl, Oregano, Petersilie und Peperoncino vermischen.

Fertigstellung

- Melanzane auf den Rohschinkenscheiben verteilen, mit Dressing übergießen und mit Kerbel garniert servieren.

TIPPS

1. *Sie können auch Zucchini oder Peperoni anstelle der Melanzane nehmen.*
2. *Servieren Sie den Melanzanesalat auch zu Coppa, geselchtem Rindfleisch, Bresaola oder Carpaccio.*
3. *Sie können die Melanzane auch in einer Pfanne mit Olivenöl braten.*

Knödel-Rettich-Salat

Für 4 Personen

Serviettenknödel

50 g	Zwiebeln
2 EL	Öl
100 g	weiche Butter
1	Eigelb
2	Eier
200 g	Knödelbrot
150 ml	Milch
2 EL	Petersilie, fein geschnitten
2 EL	Mehl
	Salz
	Pfeffer aus der Mühle

Rettichsalat

400 g	weißer Rettich
	Salz
	weißer Pfeffer aus der Mühle
2 EL	Weißweinessig
3 EL	Olivenöl
2 EL	Schnittlauch, fein geschnitten

Weiteres

Schnittlauchhalme zum Garnieren

Serviettenknödel: etwa 20 Minuten

Serviettenknödel

- Zwiebel schälen, in feine Würfel schneiden und in Öl hellbraun rösten.
- Butter schaumig rühren, Eigelb und Eier untermischen.
- Zwiebelwürfel, Knödelbrot und Milch zusammen mit Petersilie zur Buttermasse geben, Mehl untermischen, salzen und pfeffern. Den Teig etwa 10 Minuten ruhen lassen.
- Knödelteig auf eine nasse Stoffserviette oder Klarsichtfolie auftragen, einrollen, sodass eine Rolle mit etwa 4 cm Durchmesser entsteht. Die Rolle mit Küchengarn links und rechts abbinden und in Salzwasser kochen lassen.

Rettichsalat

- Weißen Rettich schälen und mit dem Gemüsehobel fein raspeln oder in Streifen schneiden.
- Mit Salz, Pfeffer, Weißweinessig, Olivenöl und Schnittlauch abschmecken.

Fertigstellung

- Die lauwarmen Knödel in Scheiben schneiden, mit dem Rettichsalat auf Tellern anrichten und mit Schnittlauchhalmen garniert servieren.

TIPPS

1. *Statt Knödelbrot können Sie auch Laugenbrot verwenden.*
2. *Der Knödel-Rettich-Salat eignet sich auch gut als kalte Vorspeise.*
3. *Knödel-Rettich-Salat schmeckt ausgezeichnet zur Brettljause mit Speck, Kaminwurzen und Rindsgeselchtem.*

Radicchio-Mango-Salat

Für 4 Personen

Zutaten

200 g	Radicchio Trevisano
120 g	Fenchelknolle
250 g	Mango
1 EL	Zitronensaft
	Salz
	Pfeffer aus der Mühle
4 EL	Olivenöl
1 TL	Lauchzwiebeln, in Ringe geschnitten
2 EL	Pinoli oder Cashewnüsse
1 EL	Minze, in feine Streifen geschnitten

Zubereitung

- Radicchio putzen, äußere Blätter entfernen, Salatherzen waschen und in Streifen schneiden.
- Fenchelknolle putzen, waschen und halbieren. Den Strunk herausschneiden und Fenchel mit dem Gemüsehobel oder einem Messer fein schneiden.
- Mango schälen, den Kern herausschneiden und Fruchtfleisch in dünne Streifen schneiden.
- In einer Schüssel Zitronensaft, Salz und Pfeffer vermischen und Olivenöl langsam einrühren.
- Radicchio, Fenchel und Mango in die Schüssel zur Marinade geben.
- Lauchzwiebelringe, Pinoli und Minze dazugeben und alles vermischen.
- Salat auf Tellern anrichten und servieren.

TIPPS

1. *Als Garnitur eignen sich Blattsalate (siehe Seite 6) oder Kerbel.*
2. *Anstelle von Radicchio können Sie Chicorée, Vogelesalat, Kresse oder Lollo rosso verwenden.*
3. *Sie können zum Radicchio-Mango-Salat auch Schnittkäse, Parmesan, Ziegenparmesan (Gran Capra) oder Pecorino geben.*

Grapefruitsalat mit Avocado

FÜR 4 PERSONEN

Zutaten

2	vollreife Avocados
40 ml	Olivenöl
2 EL	Zitronensaft oder Sherryessig
2 EL	Naturjoghurt
	Salz
	Pfeffer aus der Mühle
2	rosa Grapefruits

Weiteres

30 g	gemischte Sprossen zum Garnieren (siehe Seite 11)
1 EL	Minze, fein geschnitten
2 EL	Olivenöl zum Beträufeln
	schwarzer Pfeffer aus der Mühle
	Minzeherzen zum Garnieren

Zubereitung

- Avocados schälen, halbieren und entkernen.
- Olivenöl mit Zitronensaft und Naturjoghurt mischen.
- Mit Salz und Pfeffer würzen und damit die Avocadohälften übergießen.
- Rosa Grapefruits mit einem scharfen Messer schälen und filetieren.
- Grapefruitfilets auf den Avocadohälften anrichten.
- Sprossen und Minze auf die Avocadohälften geben.
- Mit Olivenöl beträufeln und mit schwarzem Pfeffer bestreuen.
- Den Grapefruitsalat mit Minzeherzen garnieren und servieren.

TIPPS

1. *Zum Grapefruitsalat mit Avocado passt eine Frischkäsemousse.*
2. *Als geschmackliche Ergänzung können Sie gehackte Walnüsse zum Salat geben.*
3. *Auch Rohschinken oder Bresaola passt hervorragend zum Grapefruitsalat mit Avocado.*
4. *Sie können den Grapefruitsalat mit Avocado auch mit Scampi oder Garnelen ergänzen.*
5. *Auch Räucherfische wie Hering, Lachs, Forelle, Schwertfisch oder Makrele passen sehr gut dazu.*

Garnelen-Melonen-Salat

FÜR 4 PERSONEN

Zutaten

12	Garnelen
	Salz
	Pfeffer aus der Mühle
50 g	Sesam
30 ml	Olivenöl
30 g	Kräuter-Kresse-Salate (Kerbel, Dill, Oregano, rote und grüne Kresse) zum Garnieren
50 ml	Nussdressing (siehe Seite 85)
400 g	Honigmelone, in Würfel geschnitten
	Pfeffer aus der Mühle

Garnelen: etwa 3 Minuten

Zubereitung

- Garnelen vom Panzer befreien, den Darm entfernen, mit Salz und Pfeffer würzen.
- Garnelen mit Sesam bestreuen und in Olivenöl beidseitig braten und bereitstellen.
- Kräuter-Kresse-Salat mit Nussdressing marinieren.
- Honigmelonenwürfel und Kräuter-Kresse-Salat beliebig auf Tellern anrichten.
- Garnelen darauflegen, mit Pfeffer bestreuen und servieren.

TIPPS

1. *Anstelle von Melone können Sie vollreife Avocados, Grapefruit- oder Orangenfilets verwenden.*
2. *Die Garnelen können Sie durch Scampi oder Lachswürfel ersetzen.*
3. *Sie können anstelle der Garnelen auch Hühnerbrust- oder Rindsfiletwürfel verwenden.*
4. *Anstelle des Nussdressings verwenden Sie ein French Dressing (siehe Seite 84).*

Feigensalat mit Burrata

FÜR 4 PERSONEN

Zutaten

8	frische Feigen
400 g	Burrata
4 EL	Basilikum
	Salz
	schwarzer Pfeffer aus der Mühle
2 EL	Balsamicoessig
50 ml	Olivenöl
20 g	geröstete Mandelblättchen

Zubereitung

- Feigen waschen und in dicke Scheiben schneiden.
- Burrata in Stücke zerpflücken.
- Basilikum in feine Streifen schneiden.
- Feigen auf Tellern anrichten, zerpflückte Burrata darauflegen und mit Basilikum bestreuen.
- Mit Salz, Pfeffer, Balsamicoessig und Olivenöl anmachen.
- Mit gerösteten Mandeln bestreuen und sofort servieren.

TIPPS

1. *Verwenden Sie für dieses Rezept vollreife Feigen.*
2. *Auch getrocknete Tomaten passen hervorragend zu diesem Gericht.*
3. *Sie können Frühlingszwiebelringe auf die Burrata streuen.*
4. *Anstelle von Burrata können Sie Büffelmozzarella verwenden.*
5. *Statt Balsamicoessig können Sie Weißweinessig oder Zitronensaft verwenden.*

Apfel-Kürbis-Salat

FÜR 4 PERSONEN

Zutaten

400 g	Kürbis, in Würfel geschnitten
2 EL	Butter zum Braten
	Salz
	Pfeffer aus der Mühle
400 g	Äpfel, in Würfel geschnitten
200 g	Parmesan, in Würfel geschnitten
4 EL	Olivenöl
2 EL	weißer Balsamicoessig
1 EL	Kürbiskerne, grob gehackt
1 EL	Schnittlauch, fein geschnitten

Weiteres

	Parmesanspäne zum Garnieren
8	Rohschinkenscheiben

Kürbis: etwa 4 Minuten

Zubereitung

- Kürbiswürfel in Butter braten, mit Salz und Pfeffer würzen und bereitstellen.
- Kürbis, Äpfel und Parmesan in eine Schüssel geben.
- Olivenöl, weißen Balsamicoessig, Salz und Pfeffer zu einem Dressing verrühren.
- Über den Apfel-Kürbis-Salat gießen, gut verrühren und mit Kürbiskernen und Schnittlauch würzen.
- Den Apfel-Kürbis-Salat auf Tellern anrichten, mit Parmesanspänen und Rohschinken garniert servieren.

TIPPS

1. *Apfel-Kürbis-Salat wird gerne auch mit Sauerrahm oder Topfen (Quark) serviert.*
2. *Garnieren Sie den Apfel-Kürbis-Salat je nach Saison mit Blattsalaten oder Kresse.*
3. *Anstelle des Kürbisses können Sie Zucchini oder Knollensellerie verwenden.*
4. *Sie können den Apfel-Kürbis-Salat auch mit Speck oder Salami servieren.*
5. *Servieren Sie den Apfel-Kürbis-Salat zu gebratenem Wild und Wildgeflügel als kalte Vorspeise.*

Risoninudelsalat

Für 4 Personen

Zutaten

150 g	Nudeln (Risoninudeln)
2	Tomaten
150 g	Mozzarella
50 g	grüne Oliven
150 g	gelbe Peperoni, geschält und in Würfel geschnitten
4	Basilikumblätter, in feine Streifen geschnitten
2 EL	Weißweinessig
4 EL	Olivenöl
	Salz
	Pfeffer aus der Mühle

Nudeln: siehe Packungsanweisung

Zubereitung

- Risoninudeln in reichlich Salzwasser kochen, abgießen, mit etwas Öl beträufeln und auskühlen lassen oder die gekochten Nudeln mit kaltem Wasser abschrecken.
- Tomaten waschen, Stielansatz entfernen, mit heißem Wasser kurz überbrühen, mit kaltem Wasser abschrecken und dann die Haut abziehen.
- Tomaten vierteln, vom Kerngehäuse befreien und in Würfel schneiden.
- Mozzarella in kleine Würfel schneiden.
- Oliven entsteinen und halbieren.

Fertigstellung

- Gekochte Risoninudeln mit Tomaten, Mozzarella, Oliven, Peperoni und Basilikum vermischen und mit Weißweinessig, Olivenöl, Salz und Pfeffer marinieren und servieren.

TIPPS

1. *Als Alternative können Sie eine Marinade aus Mayonnaise oder Naturjoghurt herstellen.*
2. *Anstelle der Risoninudeln können Sie Farfalle, Maccheroncini oder Pennette verwenden.*
3. *Nehmen Sie statt Mozzarella Feta oder Pecorino.*
4. *Sie können zum Nudelsalat auch gebratene Garnelen, Lachsforelle oder Lachs servieren.*

Weißer Bohnensalat mit Calamaretti

FÜR 4 PERSONEN

Zutaten

100 g	weiße Risinabohnen oder Cannellini-Bohnen
1,2 l	Wasser
1	Knoblauchzehe
1	Rosmarinzweig
1	Lorbeerblatt
	Salz
100 g	rote Zwiebeln
100 g	Tomaten, geschält und gewürfelt
1	getrockneter Peperoncino, zerrieben
1 EL	Petersilie, fein geschnitten
50 ml	Olivenöl
30 ml	Weißweinessig
	Pfeffer aus der Mühle

Weiteres

300 g	Calamaretti
30 ml	Olivenöl
	Salz
100 g	gekochter Oktopus
	Dill zum Garnieren

Zubereitung

- Bohnen waschen, eventuell über Nacht (etwa 8 Stunden) in kaltem Wasser einweichen.
- Die eingeweichten Bohnen abgießen, in einem Kochtopf mit Wasser, Knoblauchzehe, Rosmarin und Lorbeerblatt weich kochen. Erst zum Schluss salzen.
- Rote Zwiebeln schälen, in feine Längsstreifen schneiden und in Essigwasser (auf 1 l Wasser 100 ml Essig) kochen.
- Bohnen mit roten Zwiebeln, Tomatenwürfeln, Peperoncino, Petersilie, Olivenöl, Weißweinessig und Pfeffer würzen.
- Calamaretti putzen, waschen und in Ringe schneiden.
- Olivenöl erhitzen, die Calamaretti kurz darin schwenken und salzen.
- Bohnensalat mit Calamaretti und gekochtem Oktopus anrichten, mit Dill garnieren und servieren.

Bohnen: etwa 40 Minuten
Rote Zwiebeln: etwa 6 Minuten
Calamaretti: etwa 1 Minute

TIPPS

1. *Wenn Sie Bohnen kochen, sollten Sie das Einweichwasser nicht verwenden, denn es verursacht Blähungen.*
2. *Salzen Sie die Hülsenfrüchte immer zum Schluss der Garzeit, zu frühes Salzen verhärtet den Zellkern und die Hülsenfrüchte werden nicht weich.*
3. *Anstelle der weißen Bohnen können Sie auch Borlotti-Bohnen, Saubohnen oder grüne Bohnen verwenden.*
4. *Statt Calamaretti können Sie Garnelen, Steinbutt oder Seezunge nehmen.*

Getreidesalat

FÜR 4 PERSONEN

Zutaten

30 g	Weizenkörner
30 g	Haferkörner
30 g	Buchweizenkörner
100 g	Stangensellerie
100 g	Tomaten
80 g	Bergkäse oder Pecorino, in 4 cm lange Streifen geschnitten
	Salz
	Pfeffer aus der Mühle
1 EL	Zitronensaft
50 ml	Olivenöl
150 g	Äpfel, in 4 cm lange Streifen geschnitten

Weiteres

50 g	Vogelesalat zum Garnieren
	verschiedene Sprossen zum Garnieren

Weizen- und Haferkörner: etwa 30 Minuten

Buchweizenkörner: etwa 8 Minuten

Zubereitung

- Weizen- und Haferkörner waschen und in Salzwasser weich kochen.
- Buchweizenkörner separat kochen, da diese viel schneller gar sind.
- Stangensellerie putzen, waschen und mit einem Sparschäler schälen, dann in 4 cm lange Streifen schneiden.
- Tomaten häuten und entkernen, in 4 cm lange Streifen schneiden und mit Stangensellerie, Bergkäse und gekochtem Getreide vermischen.
- Nun alles mit Salz, Pfeffer, Zitronensaft und Olivenöl marinieren und etwas ziehen lassen.
- Vor dem Servieren Apfelstreifen untermischen, Salat auf Tellern anrichten, mit Vogelesalat und Sprossen garnieren und servieren.

TIPPS

1. *Eventuell Ziegenkäse statt Bergkäse verwenden.*
2. *Sie können den Käse auch in Scheiben schneiden und schichtweise mit dem Salat anrichten.*
3. *Anstelle des Vogelesalates und der Sprossen können Sie auch andere Salate wie Rucola, Maikönig oder Radicchio nehmen.*

Hirse-Quinoa-Salat mit Früchten

FÜR 4 PERSONEN

Zutaten

30 g	Hirse
30 g	Quinoa
150 g	Äpfel
120 g	Kohlrabi
80 g	Dörrpflaumen
80 g	getrocknete Marillen (Aprikosen)
	Salz
	Pfeffer aus der Mühle
1 EL	Zitronensaft
50 ml	Sesamöl oder Rapsöl
20 g	Rohnenblätter oder kleine Spinatblätter
20 g	Friséesalat
50 g	geröstete Pinoli

Hirse und Quinoa:
etwa 18 Minuten

Zubereitung

- Hirse und Quinoa im kalten Wasser etwa 2 Stunden aufquellen lassen, dann in Salzwasser weich kochen.
- Äpfel und Kohlrabi putzen, waschen und mit einem Sparschäler schälen, dann in kleine Würfel schneiden.
- Dörrpflaumen und getrocknete Marillen eventuell entsteinen und ebenfalls in kleine Würfel schneiden.
- Nun Hirse, Quinoa, Äpfel, Kohlrabi und die getrockneten Früchte vermischen.
- Mit Salz, Pfeffer, Zitronensaft und Sesamöl marinieren und etwas ziehen lassen.
- Den Salat mithilfe einer Ringform auf Tellern anrichten, mit Rohnenblättern und Friséesalat garnieren und mit gerösteten Pinoli garniert servieren.

TIPPS

1. *Sie können den Kohlrabi auch durch Fenchel ersetzen.*
2. *Anstelle der Äpfel können Sie Birnen oder Quitten verwenden.*
3. *Verwenden Sie statt Hirse Amarant oder Couscous.*
4. *Sie können den Hirse-Quinoa-Salat mit Früchten oder auch mit verschiedenen Kräutern wie Schnittlauch, Kerbel oder Minze ergänzen.*
5. *Servieren Sie Kräutertopfen zum Hirse-Quinoa-Salat mit Früchten.*

Linsensalat mit gebratenem Saiblingsfilet

FÜR 4 PERSONEN

Zutaten

100 g	Linsen (Berglinsen)
200 g	Stangensellerie
200 g	Karotten
50 ml	Olivenöl
1	Zwiebel, fein geschnitten
1	Knoblauchzehe, fein gehackt
600 ml	Wasser
1 EL	Petersilie, fein geschnitten
30 ml	Balsamicoessig
	Salz
	Pfeffer aus der Mühle

Weiteres

600 g	gebratenes Saiblingsfilet
	Riccia (gekrauster Endiviensalat)
	Radieschenscheiben zum Garnieren
	Dill zum Garnieren
2 TL	alter Balsamicoessig zum Garnieren

Zubereitung

- Linsen waschen, 4 Stunden in kaltem Wasser einweichen, Wasser abgießen.
- Stangensellerie schälen und in kleine Würfel schneiden.
- Karotten schälen und in kleine Würfel schneiden.
- Olivenöl erhitzen, Zwiebelwürfel darin dünsten.
- Stangensellerie-, Karotten- und Knoblauchwürfel dazugeben, mit Wasser auffüllen, die Linsen dazugeben und darin weich kochen.
- Linsen mit Petersilie, Balsamicoessig, Salz und Pfeffer würzen.
- Linsensalat etwas ziehen lassen, dann mit gebratenem Saiblingsfilet, Riccia, Radieschenscheiben, Dill und altem Balsamicoessig servieren.

Linsen: etwa 30 Minuten
Saibling: etwa 3 Minuten

TIPPS

1. *Servieren Sie den Linsensalat auch mit Rohschinken, Salami, Lamm-, Enten- oder gekochtem Schinken.*
2. *Wenn Sie Linsen kochen, sollten Sie das Einweichwasser nicht verwenden, es verursacht Blähungen.*
3. *Salzen Sie die Linsen immer zum Schluss der Garzeit, denn zu frühes Salzen verhärtet den Zellkern und die Hülsenfrüchte werden nicht mehr weich.*
4. *Sie können auch Belugalinsen, rote oder grüne Linsen verwenden.*
5. *Würzen Sie den Linsensalat mit verschiedenen Sprossen, so wird er besonders aromatisch und Sie können dabei Salz sparen.*

Russischer Salat mit Räucherforelle

Für 4 Personen

Zutaten

300 g	Kartoffeln
200 g	Karotten
100 g	Erbsen
80 g	Essiggurken
½ TL	Kapern
2	Sardellen, fein gehackt
200 g	Mayonnaise
½ TL	Senf
	Salz
	weißer Pfeffer aus der Mühle

Weiteres

200 g	Räucherforellenfilet
	verschiedene Kresse zum Garnieren (siehe Seite 10)

Kartoffeln: etwa 45 Minuten

Karotten: etwa 8 Minuten

Erbsen: etwa 3 Minuten

Zubereitung

- Kartoffeln in der Schale kochen, auskühlen lassen und schälen.
- Karotten schälen und in Salzwasser weich kochen.
- Erbsen in kochendes Salzwasser geben, kurz kochen und dann in kaltem Wasser abschrecken.
- Essiggurken, Kartoffeln und Karotten in kleine Würfel schneiden.
- Gemüse auf einem Küchenkrepp oder einem Küchentuch gut abtropfen lassen.
- Kapern klein schneiden.
- Nun Kartoffeln, Karotten, Erbsen, Essiggurken, Kapern und Sardellen in einer Schüssel mit Mayonnaise und Senf vermischen, mit Salz und Pfeffer abschmecken.
- Russischen Salat mithilfe einer Ringform auf die Teller geben, mit Räucherforellenstücken und Kresse anrichten und servieren.

TIPPS

1. *Anstelle von Kresse können Sie auch verschiedene Salate verwenden, z. B. Vogelesalat, Friséesalat, Lollo rosso oder Maikönig.*
2. *Die Räucherforelle sollte lauwarm sein.*
3. *Probieren Sie dazu auch Räucherlachs oder Räucherstör.*
4. *Russischer Salat dient als Unterlage (Sockel) für kalte Eier-, Fisch- und Fleischgerichte sowie als Füllung für Schinken- oder Roastbeefröllchen oder ist Teil des Salatbuffets.*

Spargel-Löwenzahnsalat mit Lachs

Für 4 Personen

Zutaten

250 g	grüner Spargel
40 g	Löwenzahnsalat
8	Radieschen

Marinade

2 EL	Wasser
1 EL	Zitronensaft
4 EL	Olivenöl
1 TL	Ingwer, fein gerieben
1 EL	Petersilie, in feinste Streifen geschnitten
	Salz

Lachs

400 g	Lachs
1 TL	zerlassene Butter

Weiteres

Salzblüte (Fleur de Sel) zum Garnieren
Pfeffer aus der Mühle
geröstete Brotwürfel zum Garnieren

Spargel: etwa 7 Minuten
Lachs: etwa 60 Grad
Lachs: etwa 20 Minuten

Zubereitung

- Grünen Spargel schälen, in Salzwasser kochen und in kaltem Wasser abschrecken.
- Löwenzahnsalat putzen, waschen und bereitstellen.
- Radieschen putzen, waschen und in dünne Scheiben schneiden.

Marinade

- In einer Schüssel Wasser, Zitronensaft, Olivenöl, Ingwer, Petersilie und Salz gut vermischen und bereitstellen.

Lachs

- Den Lachs in vier Medaillons schneiden, in eine feuerfeste Form geben, mit etwas zerlassener Butter bestreichen, mit Klarsichtfolie abdecken und im Backofen garen.

Fertigstellung

- Grünen Spargel, Löwenzahnsalat und Radieschen zusammen mit dem Lachs auf Tellern anrichten.
- Lachs mit Salzblüte und Pfeffer würzen, mit der Marinade beträufeln und mit gerösteten Brotwürfeln garnieren und servieren.

TIPPS

1. *Sie können auch rohen, fein gehobelten Spargel verwenden.*
2. *Den Spargelsalat können Sie auch mit Naturjoghurt anmachen.*
3. *Anstelle von Lachs können Sie Lachsforelle, Saibling, Garnelen oder Scampi verwenden.*

Muschelsalat mit rohem Fenchel

Für 4 Personen

Zutaten

800 g	Miesmuscheln
500 g	Venusmuscheln
4 EL	Olivenöl
20 g	Zwiebeln, fein geschnitten
1	Knoblauchzehe, fein gehackt
30 ml	Weißwein
1 EL	Petersilie, fein geschnitten
1 Msp.	Safranfäden oder Safranpulver
	Pfeffer aus der Mühle

Weiteres

8	Basilikumblätter
	Salz
	Pfeffer aus der Mühle
4 EL	Olivenöl
2 EL	Zitronensaft
200 g	Fenchelknolle, in feine Scheiben geschnitten
200 g	Tomaten, in Würfel geschnitten
	Fenchelgrün zum Garnieren

Muscheln: etwa 5 Minuten

Zubereitung

- Miesmuscheln unter kaltem Wasser bürsten, den Bart entfernen und bereitstellen.
- Venusmuscheln waschen und kaputte Muscheln aussortieren.
- Etwas Olivenöl in einem Topf erhitzen, Zwiebeln und Knoblauch darin leicht anschwitzen.
- Muscheln und Weißwein dazugeben, zugedeckt aufkochen lassen, bis die Muscheln aufspringen.
- Mit Petersilie, Safranfäden und Pfeffer würzen und bereitstellen.
- Basilikum in Streifen schneiden und mit Salz, Pfeffer, Olivenöl und Zitronensaft zu einer Marinade verrühren.
- Mit der Marinade die Fenchelscheiben marinieren.
- Einen Großteil der Muscheln aus den Schalen lösen. Die noch warmen Meeresfrüchte mit Tomatenwürfeln vermischen und den Fenchelsalat darauf anrichten.
- Mit Fenchelgrün garnieren und servieren.

TIPPS

1. *Servieren Sie den Muschelsalat mit feinen Salaten (siehe Seite 6) oder Wildkräutern.*
2. *Statt Muscheln können Sie Garnelen, Scampi oder Languste, aber auch gebratene Forelle, Zander, Saibling und Lachs verwenden.*
3. *Wenn Sie die Fenchelscheiben in Eiswasser legen, wird der Fenchel besonders knackig und bekommt eine schöne Farbe.*

Artischocken-Scampi-Salat

FÜR 4 PERSONEN

Zutaten

4	große Artischocken *(Mamme)*
2 EL	Zitronensaft
2 EL	Olivenöl zum Dünsten
200 ml	Wasser
	Salz
	Pfeffer aus der Mühle
200 g	Tomaten
4 EL	Olivenöl
4 EL	Balsamicoessig
1 EL	Petersilie, fein geschnitten
1 EL	Schnittlauch, geschnitten
	Salz
	Pfeffer aus der Mühle
12	Scampi
2 EL	Olivenöl zum Braten

Weiteres

1 EL	Dillspitzen, fein gezupft

Artischocken: etwa 7 Minuten

Scampi: etwa 3 Minuten

Zubereitung

- Den Strunk der Artischocken abschneiden und mit einem kleinen, scharfen Messer den Boden zurechtschneiden. Alle harten, ungenießbaren Blattteile müssen komplett entfernt werden.
- Reiben Sie die Artischocken während der Vorbereitung mehrmals mit Zitronensaft ein, damit sich die Frucht nicht braun verfärbt.
- Das Innere der Artischocken mit einem Parisienne-Ausstecher (ein spezieller Kugelausstecher, notfalls geht auch ein kleiner Löffel) ausschaben und sofort wieder mit Zitronensaft einreiben.
- Artischockenböden in kleine Stücke schneiden, in Olivenöl und etwas Wasser, bei mäßiger Hitze dünsten. Anschließend salzen und pfeffern.
- Tomaten in kochendem Wasser kurz überbrühen, herausheben und kalt abschrecken.
- Haut abziehen und das Fruchtfleisch in Spalten schneiden.
- Olivenöl, Balsamicoessig, Petersilie, Schnittlauch, Salz und Pfeffer zu eine Marinade verrühren und damit den Salat marinieren.
- Scampi halbieren, mit Salz und Pfeffer würzen und in Olivenöl braten.
- Artischockensalat mit gebratenen Scampi anrichten und mit Dill garniert servieren.

TIPPS

1. *Artischockenstücke können Sie auch braten und dann zum Salat geben.*
2. *Anstelle der Scampi können Sie Garnelen oder Hummer verwenden.*
3. *Sie können auch gebratene Fische wie Seezunge, Steinbutt, Rotbarbe oder Zander nehmen.*

Blütensalat auf Forellenfilet

FÜR 4 PERSONEN

Blütensalat

8	Stiefmütterchen
4	Ringelblumen
8	Borretschblüten
8	Königskerzenblüten
3 EL	Kerbel, gezupft
20 g	Kresse
20 g	Rucola
20 g	Vogelesalat
20 g	Friséesalat

Dressing

20 ml	Weißwein- oder Champagneressig
30 ml	Apfelessig
30 ml	Wasser
50 ml	Olivenöl
30 ml	Sesamöl
	Salz
	Pfeffer aus der Mühle

Weiteres

4	gekochte Forellenfilets

Blütensalat

- Stiefmütterchen-, Ringelblumen-, Borretsch- und Königskerzenblüten putzen und die Blütenblätter abzupfen.
- Kerbel, Kresse, Rucola, Vogele- und Friséesalat waschen, klein zupfen und abtrocknen.

Dressing

- Weißwein- und Apfelessig sowie Wasser gut verrühren, dann Oliven- und Sesamöl langsam in das Essiggemisch rühren, bis eine homogene Masse entsteht.
- Mit Salz und Pfeffer würzen.

Fertigstellung

- Die gekochten (etwa 5 Minuten) Forellenfilets enthäuten und auf Tellern anrichten.
- Gezupfte Blüten und Salate mit der Salatsauce anmachen und über die Forellenfilets geben. Mit dem restlichen Dressing übergießen und servieren.

TIPPS

1. *Sie können je nach Jahreszeit auch verschiedene andere essbare Blüten verwenden, z. B. Löwenzahn, Kapuzinerkresse, Klee, Sonnenblume, Primel, Jasmin, Malve, Rose, Schnittlauch usw. Aber achten Sie auf giftige Pflanzen, nicht alle Blüten sind genießbar!*
2. *Im Herbst und Winter können Sie getrocknete Blüten verwenden.*
3. *Probieren Sie den Salat auch mit Saibling, Lachs, Steinbutt oder Garnelen.*
4. *Auch ein Balsamico- oder Krendressing (siehe Seite 84 und 85) passt sehr gut.*
5. *Wenn gerade Saison ist, können Sie auch Steinpilze oder Pfifferlinge zufügen. Ebenso würden Krautrüben, Tomaten- oder Gurkenscheiben passen.*

Rohnensalat mit mariniertem Seeteufel

Für 4 Personen

Zutaten

400 g Seeteufelfilet
50 ml Olivenöl
10 g Dill, grob geschnitten
10 g Estragon, grob geschnitten
50 g Schalotten, in Würfel geschnitten
1 EL Zitronensaft
1 TL Orangenschale, fein gerieben
1 EL Weißweinessig
5 g Ingwer, frisch gerieben
10 g Senfkörner
1 EL Zucker
Salz

Weiteres

200 g Rohnen (Rote Bete)
2 EL Dillspitzen zum Garnieren

Einweichzeit Senfkörner: etwa 10 Stunden
Senfkörner: etwa 1 Stunde
Seeteufel: etwa 4 Minuten

Zubereitung

- Senfkörner am Vortag einweichen und in Wasser kochen und abseihen.
- Seeteufelfilet von den Häuten befreien, in 2 cm große Würfel schneiden.
- Kurz in Olivenöl anbraten und in einen flachen Behälter legen.
- Dill, Estragon, Schalottenwürfel, Zitronensaft, Orangenschale, Weißweinessig, Ingwer, Senfkörner, Zucker und Salz über den Seeteufel geben und etwa 30 Minuten marinieren.
- Die rohen Rohnen mit der Gemüseschneidemaschine in dünne Streifen (wie Spaghetti) oder mit dem Gemüsehobel in feine Streifen schneiden.
- Seeteufelwürfel und Rohnenstreifen auf Tellern anrichten, mit Dill garnieren und servieren.

TIPPS

1. *Anstelle der Rohnen können Sie weißen Rettich oder Krautrüben verwenden.*
2. *Sie können den Seeteufel auch mit gezupften Salaten wie Rucola, Vogelesalat, Radicchio oder Maikönig servieren.*
3. *Anstelle des Seeteufels kann auch Lachs, Forelle, Saibling, Thunfisch oder Schwertfisch verwendet werden.*

Kalbszunge, sauer

FÜR 4 PERSONEN

Kalbszunge

½	Zwiebel
1	Stangensellerie
1	Lorbeerblatt
3	Pfefferkörner
1	kleine Kalbszunge (etwa 600 g)

Marinade

2 EL	Apfelessig
4 EL	Kochwasser von der Zunge oder Wasser
	Salz
	Pfeffer aus der Mühle
2 EL	Öl
2 EL	Olivenöl

Weiteres

200 g	Chioggia-Rübe, in feine Scheiben geschnitten (oder weißer Rettich)
50 g	Friséesalat, fein gezupft
1 EL	Petersilie, fein geschnitten
1 EL	Kren, fein gerieben

Kalbszunge: etwa 2 Stunden

Kalbszunge

- Reichlich Salzwasser zum Kochen bringen.
- Zwiebel schälen und Stangensellerie, Lorbeerblatt und Pfefferkörner dazugeben.
- Kalbszunge einlegen und weich kochen.

Marinade

- Apfelessig, Kochwasser von der Zunge, Salz und Pfeffer verrühren. Öl und Olivenöl einrühren.

Fertigstellung

- Kalbszunge aus dem Sud nehmen und die Haut unter kaltem, fließendem Wasser abziehen.
- An der dicken Unterseite den Fettanteil der Kalbszunge mit einem Messer abschneiden.
- Dann die Kalbszunge in dünne Scheiben schneiden.
- Auf flachen Tellern anrichten, mit der Chioggia-Rübe, Friséesalat, Petersilie und Kren anrichten.
- Mit Marinade übergießen und lauwarm servieren.

TIPPS

1. *Zur Kalbszunge passen auch Brunnenkresse mit Speck und Zucchini, Kürbissalat, eingelegte Pilze oder eine Tomatenmarinade.*
2. *Die Kalbszunge sollte ganz frisch eingekauft werden.*
3. *Anstelle von Kalbszunge können Sie auch Kalbskopf oder Rindszunge verwenden.*
4. *Statt Chioggia-Rübe können Sie Rohnen (Rote Bete) verwenden.*

Kartoffelsalat mit Schinken und Gurken

FÜR 4 PERSONEN

Zutaten

600 g	festkochende Kartoffeln
50 g	Zwiebeln
1 EL	Senf
3 EL	Weißweinessig
	weißer Pfeffer aus der Mühle
	Salz
60 ml	Öl
200 ml	Fleischsuppe oder Wasser
200 g	Salatgurken, entkernt und in kleine Würfel geschnitten
1 EL	Petersilie, fein geschnitten
1 EL	Schnittlauch, fein geschnitten
120 g	gekochter Schinken, in kleine Würfel geschnitten

Weiteres

4	gekochte Eier (wachsweich)
20 g	Vogelesalat zum Garnieren

Kartoffeln: etwa 45 Minuten, je nach Größe

Eier: etwa 7 Minuten

Zubereitung

- Kartoffeln waschen und mit der Schale in Salzwasser kochen. Etwas auskühlen lassen, schälen und in dünne Scheiben schneiden.
- Zwiebeln schälen, in kleine Würfel schneiden und in eine Schüssel geben.
- Senf, Weißweinessig, Pfeffer und Salz zu den Zwiebeln geben und mit Öl und der warmen Fleischsuppe verrühren.
- Die noch warmen Kartoffeln dazugeben und vorsichtig vermischen.
- Salatgurken, Petersilie, Schnittlauch und gekochten Schinken dazugeben, leicht unterheben.
- Den Kartoffel-Gurken-Salat mit den wachsweich gekochten Eiern und dem Vogelesalat servieren.

TIPPS

1. *Sie können den Kartoffelsalat auch noch mit anderen Zutaten anmachen, z. B. mit Radieschen, Essiggurken, Perlzwiebeln oder Kapern.*
2. *Die Kartoffeln kann man auch dämpfen.*
3. *Sie können die Kartoffeln auch mit einem Teelöffel Kümmel kochen, dadurch bekommen die Kartoffeln einen besseren Geschmack.*

Geflügel-Reis-Salat

FÜR 4 PERSONEN

Zutaten

200 g	Langkornreis (Basmati)
220 ml	Wasser
50 g	Zwiebeln, fein geschnitten
2 EL	Olivenöl
200 g	Hühnerbrust
	Salz
	Pfeffer aus der Mühle
	Öl zum Braten
300 g	Ananas, in 1 cm große Würfel geschnitten
1 TL	Currypulver
1 TL	Ingwer, fein geschnitten
1/2 TL	Kreuzkümmel oder Kümmel
1/2 TL	Piment
50 ml	Nuss- oder Sonnenblumenöl
30 ml	Reis- oder Apfelessig
1 EL	Petersilie, fein geschnitten
	Salz

Weiteres

50 g	Salate (fein gezupfte Rohnenblätter, Friséesalat, Löwenzahn und Eichblattsalat) zum Garnieren

Hühnerbrust: etwa 4 Minuten
Reis: etwa 16 Minuten

Zubereitung

- Zwiebeln in Olivenöl dünsten, Reis dazugeben und mitdünsten. Mit heißem Wasser aufgießen und bei schwacher Hitze köcheln lassen.
- Hühnerbrust in 2 cm große Würfel schneiden, salzen, pfeffern und in Öl braten.
- Das gebratene Hühnerfleisch, Ananas, Currypulver, Ingwer, Kreuzkümmel, Piment, Nussöl, Reisessig, Petersilie und Salz mit dem Reis leicht vermischen. Auf Tellern anrichten, mit den Salaten garnieren und servieren.

TIPPS

1. *Sie können den Geflügel-Reis-Salat auch warm als Hauptgericht servieren.*
2. *Anstelle von Hühnerfleisch können Sie auch Lammnuss, Rinds-, Kalbs- oder Schweinefilet verwenden.*

Frühlingszwiebelsalat auf Rindstatar

FÜR 4 PERSONEN

Zutaten

400 g	Frühlingszwiebeln

Dressing

2 EL	gewaschene Salzkapern
4	Sardellenfilets in Öl
2 EL	Petersilie, fein geschnitten
1/2 TL	Senf
1/2 TL	Zitronensaft
1/2	Knoblauchzehe, fein gehackt
30 ml	Olivenöl
	Salz
	Pfeffer aus der Mühle

Rindstatar

400 g	Rindsfilet oder Spitzrose
2	Eigelb
2 EL	Zwiebeln, fein geschnitten
1 EL	Zitronensaft
	Salz
	Pfeffer aus der Mühle

Weiteres

Olivenbrotchips zum Garnieren (Olivenbrot in feinste Scheiben geschnitten und im Backofen getrocknet)

Zubereitung

- Frühlingszwiebeln, putzen, waschen und in Ringe schneiden.

Dressing

- Salzkapern und Sardellenfilets grob hacken und mit Petersilie, Senf, Zitronensaft, Knoblauch, Olivenöl, Salz und Pfeffer verrühren.

Rindstatar

- Rindsfilet sehr fein hacken.
- Mit Eigelb, Zwiebelwürfeln, Zitronensaft, Salz und Pfeffer vermischen.

Fertigstellung

- Frühlingszwiebeln mit Dressing vermischen und bereitstellen.
- Tatar auf flache Teller streichen, mit dem Frühlingszwiebelsalat belegen und mit Olivenbrotchips garnieren und servieren.

TIPPS

1. *Lassen Sie sich das Rindsfilet vom Metzger durch die mittlere Scheibe des Fleischwolfs drehen.*
2. *Sie können das frische Eigelb auch durch 40 g pasteurisiertes Eigelb ersetzen.*
3. *Sie können den Frühlingszwiebelsalat auch mit gekochten Kartoffelwürfeln ergänzen.*
4. *Nehmen Sie statt Frühlingszwiebeln Rotkraut.*
5. *Anstelle der Olivenbrotchips können Sie geröstete Brotwürfel verwenden.*

Wurstsalat

FÜR 4 PERSONEN

Zutaten

400 g	Lyoner-, Krakauer-, Champignon-, Peperoni-, Frankfurter- oder Servelatwurst
1	kleine Zwiebel
80 g	Peperoni
200 g	frische Champignons
1 EL	Senf
3 EL	Weißweinessig
	Salz
	Pfeffer aus der Mühle
4 EL	Öl
1 EL	Schnittlauch, fein geschnitten

Weiteres

Kerbel zum Garnieren

Zubereitung

- Lyoner häuten und in Scheiben oder Streifen schneiden.
- Zwiebel schälen und in Ringe schneiden.
- Peperoni halbieren, entkernen, waschen und in Streifen schneiden.
- Champignons putzen und in Scheiben schneiden.
- In einer Schüssel Senf mit Weißweinessig, Salz und Pfeffer vermischen und Öl kräftig unterrühren.
- Geschnittene Wurst, Peperoni, Champignons, Zwiebelringe und Schnittlauch zur Marinade geben und mischen.
- Wurstsalat auf Tellern anrichten, mit Kerbel garnieren und servieren.

TIPPS

1. *Als Garnitur eignen sich Salatblätter (siehe Seite 6), gekochte Eier oder Radieschen.*
2. *Sie können den Wurstsalat auch mit Essiggurken verfeinern.*
3. *Anstelle der Champignons können Sie Steinpilze oder Shiitakepilze verwenden.*
4. *Sie können zum Wurstsalat auch Schnittkäse geben.*

Champignonsalat mit geräuchertem Entenschinken

FÜR 4 PERSONEN

Zutaten

500 g	frische Champignons
4 EL	Olivenöl zum Dünsten
2 EL	Zwiebelwürfel
1	Knoblauchzehe, fein gehackt
150 g	rote oder gelbe Peperoni
100 g	eingelegte Perlzwiebeln
3 EL	Weißweinessig
2 EL	Olivenöl
1 EL	Petersilie, fein geschnitten
	Salz
	Pfeffer aus der Mühle

Weiteres

200 g	geräucherter Entenschinken
	Kerbel zum Garnieren

Champignons: etwa 4 Minuten

Peperoni: etwa 4 Minuten

Zubereitung

- Champignons putzen, kurz waschen und vierteln.
- 2 Esslöffel Olivenöl in einer flachen Pfanne erhitzen, Zwiebelwürfel und Knoblauch anschwitzen.
- Champignons dazugeben, mit Salz und Pfeffer würzen und kurz dünsten.
- Peperoni putzen, waschen, schälen, in Würfel schneiden und in 2 Esslöffel Olivenöl dünsten.
- Perlzwiebeln halbieren.
- Champignons, Peperoni und Perlzwiebeln vermischen, mit Weißweinessig, Olivenöl, Petersilie, Salz und Pfeffer würzen.
- Champignonsalat mit geräuchertem Entenschinken auf Tellern anrichten und mit Kerbel garniert servieren.

TIPPS

1. *Sie können die Champignons auch roh verwenden, schneiden Sie sie dazu einfach in Scheiben.*
2. *Champignonsalat wird auch gerne mit Mayonnaise oder Joghurtdressing angemacht.*
3. *Champignonsalat können Sie auch mit Blattsalaten oder Kresse garnieren.*
4. *Anstelle der Champignons können Sie Steinpilze, Pfifferlinge oder Austernpilze verwenden.*
5. *Probieren Sie den Salat auch mit gekochtem Schinken, Rohschinken oder Speck.*

ca. 10 Minuten einfach

French Dressing

FÜR ETWA 200 ML DRESSING

Zutaten

1 TL	Senf
1	Eigelb
½ TL	Zucker
20 ml	Weißwein
30 g	Weißweinessig
2 EL	Wasser
1 TL	Zwiebelwürfel
80 ml	Sonnenblumen- oder Olivenöl
	Salz
	Pfeffer aus der Mühle

Zubereitung

- Senf, Eigelb, Zucker, Weißwein, Weißweinessig, Wasser und Zwiebelwürfel gut verrühren.
- Dann Sonnenblumenöl langsam in das Essiggemisch rühren, bis eine homogene Masse entsteht.
- Mit Salz und Pfeffer würzen.

TIPP

Geben Sie French Dressing erst kurz vor dem Servieren auf die Salate, denn sonst fallen die Salatblätter zusammen.

ca. 10 Minuten einfach

Balsamicodressing

FÜR ETWA 250 ML DRESSING

Zutaten

1 TL	Senf
30 ml	Wasser
50 ml	Balsamicoessig
50 ml	Öl
50 ml	Olivenöl
	Salz
	Pfeffer aus der Mühle

Zubereitung

- Senf, Wasser und Balsamicoessig gut vermischen, dann Öl langsam in das Essiggemisch rühren und mit Salz und Pfeffer würzen.

TIPPS

1. *Zum Marinieren von Blattsalaten, zu Fisch- und Fleischvorspeisen.*
2. *Dieses Dressing können Sie auch mit etwas Honig oder etwas Zucker verfeinern.*
3. *Geben Sie das Dressing erst kurz vor dem Servieren auf die Gerichte, denn sonst verfärben sich die Speisen.*

ca. 15 Minuten einfach

Gemüse-Kren-Dressing

FÜR ETWA 250 ML DRESSING

Zutaten

je 30 g	rote Peperoni und Stangensellerie
je 20 g	Zucchini und Lauch
je 30 ml	Weißweinessig und Wasser
80 ml	Sonnenblumen- oder Rapsöl
1 EL	Kren, fein gerieben
1 TL	Zwiebelwürfel
1 TL	Schnittlauch, fein geschnitten
	Salz und Pfeffer aus der Mühle

Zubereitung

- Peperoni, Stangensellerie, Zucchini und Lauch putzen, schälen, in kleine Würfel schneiden und in Salzwasser kochen.
- Weißweinessig und Wasser gut vermischen, dann Öl langsam in das Essiggemisch rühren.
- Gemüse, Kren, Zwiebelwürfel und Schnittlauch dazugeben, mit Salz und Pfeffer würzen.

Gemüse: etwa 3 Minuten

TIPP

Zum Marinieren von Blattsalaten, zu Fisch- und Fleischvorspeisen.

ca. 10 Minuten einfach

Nussdressing

FÜR ETWA 250 ML DRESSING

Zutaten

30 ml	Apfel- oder Champagneressig
30 ml	Wasser
1 TL	Senf
80 ml	Walnussöl
20 g	Schalotten, fein geschnitten
	Salz
	Pfeffer aus der Mühle

Zubereitung

- Apfelessig, Wasser und Senf gut verrühren, dann Walnussöl langsam in das Essiggemisch rühren, bis eine homogene Masse entsteht.
- Fein geschnittene Schalotten dazugeben, mit Salz und Pfeffer würzen.

TIPP

Zum Marinieren von Blattsalaten, zum Verfeinern von Sülzen und zu Krustentieren.

Die Autoren bedanken sich bei folgenden Firmen

www.sennereialgund.it

www.biokistl.it

www.forst.it

www.galloni-meran.it

www.gramm-spa.it

www.kochbz.it

www.kueppersbusch.it

www.meinbeck.com

MESSERHANDLUNG Paolo Morocutti

paolo.morocutti@email.it

www.pircher.it

Bäckerei

www.rabanser.bz

www.rieper.com

www.roterhahn.it

www.kunzi.it

www.zorzi.oskar.it

Kleines Küchenlexikon

Dieses kleine Glossar erklärt einige bekannte Fachbegriffe, die zum Kochen in der Küche gebraucht werden. In der Auflistung finden Sie Zubereitungsmethoden und handwerkliche Begriffe, die Ihnen in den Rezepten begegnen und über die Sie vielleicht noch einmal genau informiert werden möchten.

Abfrischen	unter fließendem, kaltem Wasser oder Eiswasser abkühlen
Antipasti	kalte oder warme Vorspeisen
Aspik	Bezeichnung für ein Gericht, das in Gelee eingelegt ist
Blanchieren	Gemüse einige Minuten in siedendem Wasser erhitzen
Brotcroûtons	Beigabe zu Salaten, meist aus Toastbrot
Caprese	Salat aus Mozzarella, Tomaten und Basilikum
Dressing	kalte Salatsauce (Würzsauce)
Emulsion	Kombination von zwei nicht mischbaren Flüssigkeiten, z. B. Öl und Brühe
Garnieren	Anrichten oder Verzieren eines Gerichtes
Kümmel	macht schwer verdauliche Speisen wie Weißkrautsalat bekömmlicher
Julienne	bestimmte Schneideart von Gemüse, in gleichmäßige Streifen geschnitten
Limette	dunkelgrüne, kleine, säuerliche Zitrusfrucht
San-Marzano-Tomaten	längliche, auch für Salate geeignete Eiertomaten
Schalotten	kleine eiförmige, oft auch violette Zwiebelart mit mildem und feinem Geschmack
Servelatwurst	Brühwurst
Vinaigrette	eine Essig-Öl-Sauce, mit Kräutern vermischt, für Salate und kalte Gerichte

Ländertypische Bezeichnungen

Öfters kommt es innerhalb der deutschsprachigen Länder zu Missverständnissen und Verwechslungen aufgrund von unterschiedlichen Benennungen. Die nachstehende Übersicht soll für Klarheit sorgen.

Südtirol	Deutschland
Fisolen	Grüne Bohnen
Gelbe Rüben	Karotten
Karfiol	Blumenkohl
Kobis	Weißkohl / Weißkraut
Kren	Meerrettich
Marillen	Aprikosen
Melanzane	Auberginen

Südtirol	Deutschland
Peperoncino	Chilischote
Peperoni	Paprikaschote/Paprika
Pinoli	Pinienkerne
Rohnen	Rote Bete
Rucola	Rauke
Topfen	Quark
Vogelesalat	Feldsalat / Rapunzel

Register

Stichwörter mit roten Seitenzahlen befinden sich im Rezeptteil. Stichwörter mit **schwarzen** Seitenzahlen befinden sich im Abschnitt »Wissenswertes«.